Les chats aussi rêvent d'aventures

Les chats aussi rêvent d'aventures

DION LEONARD

Traduit de l'anglais (Royaume-Uni)
par Marc Sigala

City
Témoignage

Publié pour la première fois en 2019 au Royaume-uni par Avon
sous le titre *Lara The Runaway Cat*.
Couverture : Shutterstock/Studio City

ISBN : 978-2-8246-1472-4
Code Hachette : 61 6080 2

Collection dirigée par Christian English et Frédéric Thibaud
Catalogues et manuscrits : city-editions.com

Dépôt légal : Mai 2019

1

Les humains sont instables. Et faciles à mener en bateau. C'est du moins mon expérience.

Imaginez, si vous le voulez bien, un parfait spécimen de l'espèce féline. Un beau chat ragdoll au visage et aux pattes foncées, et à la belle fourrure blanche et duveteuse. Un chat intelligent et élégant qui garde votre maison, maintient vos genoux au chaud la nuit, fait preuve de goûts raffinés, ne vagabonde presque jamais et ajoute un certain sens de l'élégance à votre vie.

Oui, c'est bien moi. Lara.

Imaginez maintenant un chien errant, ramassé dans le désert chinois, avec des oreilles, mon Dieu, qui pointent presque *vers l'extérieur*, qui se fait enlever dans un pays à l'autre bout du monde, vous obligeant à y rester, loin de votre chat adoré – et de votre femme, par la même occasion – pendant des mois, et cause généralement toutes sortes de problèmes en ayant des *aventures.*

Ça, c'est Gobi. L'autre animal de la maison, depuis que papa est rentré avec elle il y a dix-huit mois.

Soyez sincère. Lequel préféreriez-vous ? Le choix est facile à faire, non ?

Apparemment pas aussi facile qu'on pourrait le croire.

Depuis que papa a ramené Gobi dans nos vies, nous vivons dans un chaos constant.

Et je n'aime pas le chaos. J'aime les crevettes et les choses tranquilles et prévisibles.

Avant l'arrivée de Gobi, ma vie était tranquille et prévisible. Depuis que papa et maman m'ont ramenée à la maison du Lancashire, il y a plus de dix ans maintenant, ma vie a toujours suivi un modèle rassurant. Petit déjeuner, câlins, regarder le monde par la fenêtre, déjeuner, sieste, jeux, retourner à ma fenêtre, manger, passer du temps devant la télé tout en faisant profiter mes maîtres de mes commentaires, manger de nouveau et dormir. Tout en me blottissant contre eux, la nuit, quand je l'estimais nécessaire (quels que soient les sentiments de papa et de maman à ce sujet).

Ce n'était pas ce qu'on peut appeler une vie trépidante, je l'admets volontiers, mais tout cela m'était familier. Confortable.

Si je sentais le besoin de me dépenser, par exemple, je pouvais courir après une balle ou me frotter à mon herbe à chat – avec élégance, bien sûr –, ou traquer un papillon de nuit pour m'amuser. Et si j'avais besoin d'aventure, il était facile de suivre maman et papa dans le jardin pour sentir les fleurs et mâcher un peu d'herbe.

En fait, la plus grande aventure que j'aie jamais vécue a été de me cacher sous la maison (parce que se faufiler dans de petits endroits est une chose amusante, non ?). Enfin, *je* pensais que c'était une chose amusante, mais apparemment, papa et maman ont mis du temps à comprendre. En fait, ils se sont avérés très mauvais à ce jeu-là, car ils n'ont même pas réussi à me trouver. Je les entendais m'appeler, mais ils sont restés bien loin de découvrir ma cachette.

(Puis j'ai découvert – un peu tard – que j'étais légèrement coincée, et j'ai dû miauler *vraiment* fort pour qu'ils me trouvent. Il faisait sombre et froid, j'avais faim et je me sentais seule. Je ne recommanderais pas ce jeu, pour être tout à fait honnête.)

Le fait est que je n'ai jamais rêvé d'aller plus loin que sous la maison. Pourquoi aurais-je eu besoin de le faire, alors que tout ce que je voulais était ici, à la maison ?

Mais c'était avant Gobi.

Le truc avec Gobi, c'est que tout le monde la trouve fantastique. Spéciale. Un véritable miracle de l'espèce canine.

(Je pense que c'est à cause du livre qu'on a fait sur elle. Les gens pensent que si on a écrit un livre sur vous, vous êtes important. Mais bien sûr, c'est *papa* qui a écrit ce livre, pas Gobi. Si Gobi avait vraiment écrit le livre, alors là, oui, j'aurais peut-être été impressionnée.)

Je ne nie pas que Gobi ait mené une vie plus variée que moi – plus d'aventures, plus de problèmes, plus de chaos.

Oui, c'est vrai, elle a couru avec papa dans le désert quand il y faisait son ultra-marathon. Je *suppose* qu'il faut une sorte de talent pour ça. Papa parle toujours de l'entraînement qu'il faut, de la force physique et mentale, ce genre de choses. Et quant à moi, je suis presque certaine de ne jamais me lancer dans ce genre d'entreprise. Donc, oui, on peut accorder à Gobi le mérite d'être capable de courir sur de longues distances.

Et oui, d'accord, elle a aussi survécu à un enlèvement en Chine. Maman et papa étaient tellement, tellement inquiets pour elle. Personne ne savait où elle était ni ce qui lui était arrivé. Bien sûr, à ce moment-là, maman et moi ne l'avions pas encore rencontrée. Nous n'avions vu que des photos, mais nous avions déjà l'impression de la connaître.

C'est comme ça que Gobi est devenue célèbre – au moment où maman et papa ont lancé une campagne sur Internet pour la retrouver et la ramener à la maison. Ça a fonctionné, d'une certaine manière, même si elle n'avait pas pu rentrer immédiatement à la maison à cause d'une stupide règle sur les voyages et les animaux. Mais je suppose que papa n'aurait pas passé tous ces mois en Chine avec elle si elle n'avait pas été *un peu* importante. Nous étions tellement excités quand ils ont finalement été autorisés à rentrer à la maison. Nous étions soudain devenus une famille de quatre personnes, là où il n'y en avait que trois auparavant.

Beaucoup d'autres personnes semblaient excitées elles aussi, si l'on en croit le nombre de courriers que nous avons reçus après ça.

Franchement. Des courriers de fans ? Pour une *chienne* ? Elle ne sait même pas lire !

(Moi non plus, mais j'imagine que ce n'est qu'une question de temps avant que cette compétence me vienne. Comme c'est toujours le cas avec moi. Je suis un chat très accompli, vous savez.)

Le pire, dans cette histoire, ce n'est pas les fans. Le pire, c'est papa et maman. Ils *adorent* Gobi.

Avant l'arrivée de Gobi, ils n'avaient d'yeux que pour moi. J'étais le centre de leur univers, et j'aimais ça. Jamais je n'ai douté de mon importance pour eux.

Jusqu'à ce que papa rencontre Gobi.

Maintenant, ils passent leur temps à dire que Gobi est spéciale, qu'elle est forte et courageuse, qu'elle se comporte bien. Et ils continuent à l'emmener dans de nouvelles aventures – sans moi.

En fait, Gobi part tous les jours à l'aventure avec eux. Ils se promènent dans la rue ou à la campagne avec elle en me laissant les regarder disparaître par la fenêtre. Ils vont même parfois plus loin. Je les entends parler d'avions, de bateaux, de terres lointaines et de villes que je n'ai vues qu'à la télé.

Parfois, Gobi apparaît même *dans* la télé. C'est le pire. Maman vient alors me chercher pour me montrer, comme si je voulais la voir faire toutes ces choses qui me sont interdites. Ce que j'ai pu faire de plus fou en termes d'aventure, c'est d'être autorisée à sortir sur le bord de la route avec mon harnais pour un long voyage en voiture vers un autre endroit, endroit où j'ai à nouveau pu m'asseoir derrière la fenêtre et regarder passer les gens.

J'ai passé mon existence à regarder par les fenêtres. C'est comme ça que je vis, vous savez. Je suis un chat d'intérieur, donc je reste à l'intérieur. Je regarde passer le monde, mais je ne suis pas censée vouloir sortir. Je ne suis pas censée imaginer ce qu'il y a au-delà du cadre de la fenêtre. Et jusqu'à l'arrivée de Gobi, la situation me convenait bien comme ça.

Mais maintenant… parfois, je ne peux m'empêcher de me demander ce qu'il y a d'autre dehors. Ce qui attire papa, maman et Gobi dans leurs aventures. Après tout, à quoi servent les aventures des humains et des autres animaux ? Je veux dire, ils ne le feraient pas si ce n'était pas important, ou amusant, non ? Alors je me demande. Et j'imagine.

Que serait ma vie si j'étais un chat d'*extérieur* plutôt qu'un chat d'intérieur ? Si j'allais un jour plus loin que le mur du jardin ? Si au lieu de me cacher sous la maison, je sortais au-delà ?

Surtout les nuits où Gobi vole mes crevettes, ou s'excite et me renverse, ou même commence à grignoter ma queue. Les nuits où je me souviens du temps où notre famille ne comptait que trois membres, et où j'étais le plus important d'entre eux. Que se passerait-il si *je* décidais de vivre une aventure ?

Mais les chats ragdoll ne sont pas faits pour l'extérieur. C'est ce que j'ai toujours pensé, en tout cas.

*

Les arbres devant la fenêtre étaient en fleurs ce jour de printemps où j'ai eu l'idée pour la première fois de vivre ma propre aventure. Je m'en souviens parce que je m'aimais chasser les fleurs dans le jardin à mesure qu'elles tombaient. Elles étaient légères et attirantes et la brise les faisait voler dans tous les sens, ce qui me remplissait d'excitation.

Normalement, en tout cas.

Cette année-là, je les ai simplement vus voler par-dessus le mur du jardin, vers l'extérieur, et le fait de ne pas pouvoir les suivre m'a déprimée. Alors je suis restée à l'intérieur, tournant le dos à la fenêtre en les ignorant.

Maman et papa parlaient *encore* de Gobi, et j'étais à moitié en train d'écouter, à moitié en train de jouer avec une boule de poils pelucheux (les miens, bien sûr) qui s'était formée sous la table de la cuisine.

— S'ils veulent t'interviewer avec Gobi, pourquoi ne pas tous y aller ? a dit maman. Ce qui semblait tout à fait raisonnable. Faisons-en des vacances. Je crois que ça me plairait d'aller en Chine avec vous deux.

J'ai jeté un coup d'œil dans leur direction. Ils allaient *tous* partir, cette fois ? La dernière fois que papa était allé en Chine, il était parti pendant des mois.

Je détestais déjà cette idée.

Papa avait ses longues jambes étendues sous la table, mais son expression n'avait pas l'air aussi détendue que sa position.

— Je ne sais pas. J'ai l'impression que le simple fait d'emmener Gobi en Chine me rend nerveux.

Et comment s'en étonner ? Regarde tous les ennuis que tu as eus la dernière fois où vous êtes partis tous les deux. Peut-être que vous devriez tout simplement arrêter de partir à l'aventure comme ça, ai-je pensé. *Cela résoudrait le problème.*

Et je ne me sentirais pas si abandonnée.

— Elle ne sera pas kidnappée cette fois-ci, Dion, a dit maman, rassurante. Et puis si on y va tous ensemble, on pourra s'occuper les uns des autres.

— Je suppose que tu as raison. Papa n'avait pas l'air convaincu. Je me suis frottée à ses jambes pour lui rappeler mon existence. Et ça a marché.

— Et Lara ? a-t-il demandé, s'asseyant convenablement pour que je puisse monter sur ses genoux. Il faudrait s'absenter pendant des semaines pour faire cette tournée. Je ne me sens pas à l'aise avec l'idée de la laisser si longtemps.

Très bien. Moi non plus.

— Alors on l'emmène ! Maman avait l'air étrangement excitée à cette idée. Peut-être manquait-elle d'aventure, elle aussi.

Personnellement, je me méfiais de ce qui était en train de se passer. Je veux dire, je n'étais jamais allé *nulle part* auparavant, et j'allais commencer par la *Chine* ? Je n'avais peut-être jamais voyagé, mais papa avait une carte accrochée au mur, sur laquelle il pointait avec des épingles tous les endroits où lui, maman et Gobi étaient allés. Un jour, il m'avait montré la Chine du doigt.

Et c'était *très très loin* de chez moi. À l'autre bout de la carte, en fait.

— Pour toute la tournée ? Trois semaines à voyager à travers la Chine, à faire des interviews, à paraître dans des librairies, etc. Papa a secoué la tête. Je ne sais pas comment elle supporterait tous ces voyages et tout ce tapage. Notre Lara a un esprit plutôt casanier.

— Hmm, je suppose qu'elle n'a jamais vraiment *voyagé*, c'est vrai…, a convenu maman.

Même si je venais d'avoir exactement la même pensée, mes oreilles se sont aplaties à cette remarque, et ma queue a commencé à onduler d'un côté à l'autre en signe d'agacement. Je m'en sortirais *magnifiquement*, bien sûr. Ils avaient tout faux. Vraiment, papa devrait savoir qu'il ne faut jamais me mettre au défi. Ce n'est pas parce que je n'ai jamais fait une chose que j'en suis incapable. Je n'y avais jamais pensé avant, voilà tout.

Avant Gobi, du moins. Car les choses étaient différentes, maintenant.

Soudain, tout ce que j'avais été avant Gobi – un chat d'intérieur, une princesse choyée, une créature casanière – ne semblait plus être aussi désirable.

— Cette chatte n'a pas le goût de l'*aventure*, a précisé papa, en insistant bien sur le mot « aventure ». Elle n'est pas comme Gobi.

Ce sont ces derniers mots qui ont fini par me décider. Si Gobi pouvait le faire, j'en étais capable moi aussi. Et je pouvais le faire mieux, plus intelligemment. Et avec plus de panache, aussi.

Je pouvais devenir l'animal de compagnie le plus aventureux qu'on ait jamais vu, si c'était ce que maman et papa voulaient.

Je me suis concentrée sur leur conversation. Il est toujours plus difficile de comprendre les discussions humaines que celles des autres animaux. Mais il faut parfois faire l'effort, pour rester au courant de ce qui se passe.

Papa parlait d'une tournée – comme celle que lui et Gobi avaient déjà faite en Grande-Bretagne et à l'étranger. Gobi avait voyagé presque *partout* avec papa, ajoutant sans cesse des épingles à la carte, pendant que je restais à la maison, à Édimbourg, à regarder par ma fenêtre.

Mais cette fois, j'avais la chance d'y aller aussi. La chance de découvrir à quoi ressemblait vraiment une aventure.

Je n'allais pas laisser passer ça.

Papa m'a caressé la tête et a remarqué mes oreilles aplaties.

— Je ne suis pas sûr que Lara apprécie l'idée, de toute façon.

Ces humains… Est-il possible qu'ils nous comprennent un jour ?

J'ai miaulé pour manifester mon désaccord et j'ai sauté sur la table. Maman me comprendrait peut-être mieux.

— Je ne sais pas, dit-elle en passant sa main dans ma fourrure. Elle est toujours la première dans les valises quand on va quelque part. Elle a peut-être envie de faire un voyage avec nous, de temps en temps.

J'ai émis un ronronnement approbateur. D'accord, mon désir de voyager n'était né qu'il y a quelques minutes, et je n'avais l'habitude de grimper dans les valises que parce qu'elles étaient remplies de choses douces et chaudes dans lesquelles il faisait bon se blottir. Mais bon. Sa remarque était de toute manière plus juste que l'interprétation de papa.

— D'accord, imaginons que ce soit vrai. Comment est-ce qu'on s'y prendrait ?

Papa s'est levé et est allé mettre de l'eau à bouillir pour se faire un thé. J'ai suivi, juste au cas où il ouvrirait le frigo et en sortirait quelque chose d'intéressant pour moi.

— Eh bien, nous pourrions tous prendre le ferry pour la France, pour que Lara et Gobi n'aient pas à voyager dans la soute de l'avion au départ du Royaume-Uni, a dit maman tout en réfléchissant à son plan en même temps qu'elle nous l'exposait. Peut-être une traversée de nuit, pour changer ? Cela couperait le voyage. Ensuite, nous pourrions nous envoler de France vers la Chine avec les animaux. Nous aurons de toute façon besoin de réserver des hébergements pour animaux de compagnie un peu partout pour Gobi, donc ajouter Lara ne ferait pas beaucoup de différence pour les hôtels. Et nous pourrions alors explorer le pays tous ensemble. Ce serait amusant !

Ça avait l'air amusant, c'est vrai. Enfin, je suppose. À part le passage « avec Gobi », bien sûr. J'avais déjà vu des photos d'avions auparavant, et je savais qu'ils avaient des fenêtres. Et papa et Gobi appelaient parfois par vidéo depuis les hôtels où ils voyageaient. Ces derniers n'avaient pas l'air si différents des chambres à coucher de la maison.

Mais surtout, il s'agissait d'une *véritable* aventure. Je découvrirais peut-être enfin la raison pour laquelle les gens voulaient à tout prix en avoir.

— Et quand Gobi et moi ferons des interviews, des dédicaces de livres, des événements ? a demandé papa. Il fallait toujours qu'il soit question de Gobi, bien évidemment. Tout tournait toujours autour d'elle.

— Lara et moi viendrons aussi ! Allez, Dion. Toi et

Gobi avez été *partout* ensemble – aux États-Unis, au Canada…

— En Hollande, en Italie, en France… et en Suisse, a ajouté papa, au cas où nous aurions oublié combien d'endroits ils avaient visités ensemble. Comme si nous n'avions pas déjà la carte pour nous le rappeler.

— Exactement. C'est peut-être au tour de Lara, maintenant. Maman n'avait pas parlé de son cas, mais j'avais bien l'impression qu'elle le sous-entendait. Et puis ce serait bien de passer l'été en famille.

C'était vrai. Même si je n'étais pas complètement ravie que notre famille soit maintenant composée de quatre membres au lieu de trois, je n'aimais *vraiment pas* l'idée qu'ils partent tous les trois en me laissant toute seule tout l'été.

— Ce serait bien, c'est vrai, a admis papa. Puis il m'a prise dans ses bras et m'a tenue contre son épaule. Qu'est-ce que tu en penses, Lara ? Tu voudrais partir à l'aventure avec nous ?

Plus important encore, si je pouvais montrer à papa et maman que j'étais aussi bonne que Gobi pour l'aventure – meilleure, même – ils se souviendraient peut-être alors que c'était moi, leur animal de compagnie préféré – et l'animal supérieur du foyer.

Même si je n'étais pas encore tout à fait sûre de ce que vivre une aventure signifiait. Si Gobi avait pu le faire, ça ne devait de toute manière pas être si difficile que ça, non ?

Alors j'ai miaulé bien fort mon accord. C'était *mon* tour de voyager avec papa.

Maman a ri, l'air contente, et papa a souri aussi. Pendant un moment, nous n'étions de nouveau plus que tous les trois – et tout était parfait.

Évidemment, Gobi a choisi ce moment pour venir se promener dans la cuisine, l'air tout endormie. Elle venait de se réveiller de sa sieste de l'après-midi et arrivait bien sûr juste à temps pour s'immiscer dans *mon* moment avec maman et papa. Comme toujours.

Papa m'a reposée et est allé faire des grattouilles Gobi à la place. Et je suis retournée à ma boule de poils.

— Devine quoi, ma fille ? a dit papa, tout excité pour la première fois depuis le début de la conversation. On part à l'aventure. Tous ensemble !

Gobi a aboyé son approbation. J'espérais seulement qu'ils avaient des crevettes, en Chine. Et que je n'aurais pas à les partager avec Gobi.

2

La planification de notre voyage a pris beaucoup plus de temps que prévu. Je n'avais jamais vraiment prêté attention aux préparatifs des voyages de Gobi et papa. Mais cette fois-ci, j'ai observé chaque détail, le plus souvent depuis l'intérieur d'une valise, pour être sûre qu'ils ne m'oublient pas. Après toute une vie passée à l'intérieur, j'étais soudain terrifiée à l'idée d'être laissée en arrière et de rater l'aventure.

Chaque jour qui passait, l'excitation et l'impatience grandissaient dans mon ventre – étroitement liées à l'inquiétude et à la peur. Papa avait tort, bien sûr, sur le fait que je n'étais pas capable de vivre une aventure. Mais ce qui restait vrai, c'est que je n'en avais jamais eu auparavant. J'avais seulement entendu parler des leurs.

D'après mon expérience, les choses nouvelles pouvaient soit être très bonnes (comme les nouvelles crevettes, plus grosses, que maman m'avait trouvées), soit très mauvaises (comme les biscuits pour chien de Gobi, qui *avaient* bon goût, mais qui me rendaient malade à chaque fois. Biscuits que j'avais continué à manger, juste au cas où).

J'espérais vraiment que les aventures ressembleraient plus aux crevettes. Mais cela n'a pas empêché ma nervosité de grandir, d'autant plus que j'en ai peu à peu appris davantage sur la tournée, sur l'endroit où nous allions et sur ce qui allait se passer pendant notre absence.

— J'ai reçu l'itinéraire des éditeurs, a dit un jour papa, en agitant quelques feuilles de papier agrafées devant lui.

— Écoutons ça, alors, a dit maman en posant mes crevettes dans mon bol.

J'étais partagée. Crevettes ou écoute des détails de notre aventure ? Finalement, j'ai essayé de faire les deux. Les crevettes étaient délicieuses, comme toujours. L'itinéraire, quant à lui, paraissait moins appétissant.

En résumé, le plan pour nos trois semaines en Chine semblait être : emmener Gobi dans des endroits charmants, où tout un tas de gens voudraient la voir et lui faire des papouilles. Et personne, bien sûr, ne devait faire attention à moi, ni à *ma* grande aventure.

Et c'était là tout le problème. Ce voyage était censé être ma chance de montrer à papa et maman que j'étais plus qu'un simple chat d'intérieur, que je pouvais aussi être une aventurière. Mais cela ressemblait encore beaucoup trop à l'aventure de *Gobi*, même si j'étais de la partie. Comment allais-je prouver que j'étais l'animal de compagnie supérieur, si tout tournait encore autour de Gobi ?

Je me suis assise à ma fenêtre et j'ai ignoré le monde extérieur pour une fois, décidant de réfléchir à la place. Il devait bien y avoir un moyen d'en faire ma *propre* aventure, non ? Une aventure qui ne serait qu'à moi.

Je ne connaissais pas encore assez les aventures pour savoir comment m'y prendre.

*

Quand le jour est finalement venu de quitter Édimbourg pour Portsmouth et le ferry (en passant par Londres pour une importante réunion de dernière minute concernant papa et Gobi), j'avais déjà commencé à abandonner l'idée. J'ai passé le trajet à bouder dans ma caisse, somnolant pendant que nous roulions.

Et quand j'ai vu le ferry, illuminé contre le ciel nocturne qui s'assombrissait, j'ai été *certaine* que cette aventure était une mauvaise idée.

— Il est énorme.

J'ai regardé le vaisseau géant devant nous. Il était plus grand que notre maison, et de loin. En fait, je n'avais *jamais* rien vu d'aussi gros. Voyager en voiture était une chose – j'avais même apprécié ce voyage. Mais je n'étais pas convaincue que j'allais apprécier le voyage qui venait.

Gobi a aboyé de contentement.

— Fantastique, n'est-ce pas ?

« Fantastique » n'était pas *tout à fait* le mot, à mon avis.

— Combien de temps on va y rester ? ai-je demandé en regardant le ferry d'un air soupçonneux.

— Toute la nuit ! Gobi avait dit cela comme si c'était une bonne chose.

Le ferry était-il une aventure en soi ? Si nous avions tout ce vaisseau géant à explorer, de quelle aventure aurions-nous besoin après ça ? Peut-être que le mieux était de faire demi-tour et de rentrer chez nous… Après tout, les ragdoll étaient des chats d'*intérieur*. Nous n'étions pas des chats de ferry, ni des chats d'avion, ni même des chats de Chine. Ma fenêtre me manquait. Et mes crevettes aussi.

Mais juste à ce moment-là, papa a pris mon porteur pour me faire monter à bord, faisant s'envoler toute possibilité de rentrer à la maison.

Les aventures semblent aussi impliquer beaucoup de gens qui froncent les sourcils devant tout un tas de papiers. Avant même qu'on nous autorise à monter à bord du ferry, un homme devait examiner un papier, puis me passer le même appareil magique que celui qu'ils utilisaient parfois chez les vétérinaires.

— C'est pour s'assurer que nous sommes ceux que nous prétendons être, m'a dit Gobi, qui se faisait contrôler sur la table d'à côté.

Je me suis tapie au fond de ma caisse. Je n'aimais pas être dans le monde de Gobi. À la maison, je savais tout, contrairement à elle. Où étaient les endroits les plus chauds pour se blottir. Où maman cachait les friandises du chien. Quelles étaient les meilleures couvertures pour se pelotonner. Le moment idéal pour interrompre papa quand il regardait la télé. Comment *ne pas* se faire piéger sous la maison en jouant à cache-cache.

Quand Gobi était arrivée à la maison avec papa, j'avais dû *tout* lui apprendre sur notre maison, notre vie, notre famille. Ici, les choses étaient inversées.

Ça ne semblait pas naturel.

Une fois sur le ferry, j'ai quand même commencé à me sentir plus à l'aise. Papa et maman avaient réservé une cabine où les animaux de compagnie étaient acceptés. (Je ne voulais pas savoir ce qui se passait dans les cabines où on ne les acceptait pas.) Il y avait deux lits étroits, une fenêtre et une porte qui donnait sur une petite salle de bains. Dès que papa m'a laissé sortir de mon sac, je suis montée sur la petite table, sous la fenêtre, pour regarder dehors.

J'espérais que cela me serait familier, comme toutes les autres fenêtres que j'avais pu voir au fil des ans. Au lieu de cela, j'ai regardé par-dessus une étendue d'eau sans fin, et un long frisson m'a parcourue.

C'était cent fois pire que l'heure du bain.

Derrière moi, maman a ri.

— Ne t'inquiète pas, Lara. Tu es en sécurité ici. Toute cette eau ne peut pas t'atteindre.

Je n'allais pas la croire sur parole, aussi, j'ai sauté sur le lit et je me suis mise à l'aise.

Papa se tenait debout dans l'entrée ouverte de la porte, déplaçant un sac du hall vers notre cabine, quand une autre dame est apparue à l'extérieur, avec un autre sac de transport pour animaux. Elle a souri à papa en passant, puis elle s'est arrêtée, a fixé notre cabine et son sourire s'est encore agrandi.

— Regarde, Cleo ! Un autre ragdoll, comme toi ! Et juste à côté de notre cabine ! Comme c'est agréable de rencontrer d'autres amateurs d'animaux de compagnie avisés. On se sent parfois si seul dans ces voyages ! Elle a soulevé son sac pour que son chat, Cleo, je présume, puisse me voir. Nous nous sommes interrogés d'un regard fixe. Je n'arrivais pas à bien la voir, derrière les barreaux de sa porte, mais si c'était une ragdoll comme moi, j'étais certaine qu'elle était splendide.

Quand j'ai repris le cours de la discussion humaine, maman disait :

— Aimeriez-vous boire un verre ? Dion allait justement faire un saut au café pour me prendre un chocolat chaud.

Et avant que je m'en rende compte, Cleo était sortie de son porteur et était sur le lit avec moi.

— Oh, comme c'est charmant ! Je m'appelle Jennifer. La maîtresse de Cleo s'est alors précipitée dans la cabine, déjà petite, et s'est assise au bout du lit.

J'ai lancé un miaulement de bienvenue à Cleo.

— Moi, c'est Lara. Et notre chienne s'appelle Gobi, ai-je ajouté en avançant ma tête vers ma consœur.

— Cleo, a dit l'autre ragdoll, sans même se tourner vers Gobi.

Je l'aimais déjà.

— Je vais chercher les cafés, alors, a dit papa, l'air déconcerté. C'était d'ailleurs aussi bien qu'il parte. C'était un homme de grande taille, et la cabine n'était pas assez grande pour nous six.

— Alors, vous partez en vacances en France ? a demandé maman tout en s'installant sur l'autre lit. Gobi dormait déjà à côté d'elle. Il était tard, je suppose, mais j'avais tellement dormi dans la voiture que je n'étais pas fatiguée du tout. (Je ne sais pas ce que me font les voyages en voiture, mais ils me font toujours dormir. J'espérais que le ferry aurait le même effet, mais il y avait déjà tant de bruits et d'odeurs étranges que je n'étais pas sûre de pouvoir m'y plaire.)

— Non, je ne fais que passer, a dit Jennifer. Nous repartons de Paris demain.

— Nous aussi ! a répondu Maman. Nous voulions avoir les animaux avec nous dans l'avion.

Et nous voulions être dans l'avion avec eux, nous aussi. Je me souviens encore des récits de Gobi sur les voyages en soute, et j'en tremble encore quand j'y repense.

Jennifer a hoché la tête.

— Pareil pour moi ! Je n'aime pas me séparer de Cleo. Et tant que la Grande-Bretagne ne laissera pas les animaux voyager avec les passagers plutôt que dans la soute, je ne prendrai de vol que depuis Paris.

À l'autre bout du lit, Cleo a roulé des yeux et a posé la tête sur ses pattes. Je me suis approchée d'elle. Les autres chats avaient généralement des discussions beaucoup plus intéressantes que les humains.

— Tu n'as pas l'air très emballée à l'idée de faire ce voyage.

Je me suis arrêtée assez près d'elle pour lui parler, tout en gardant une distance respectable, et j'ai commencé nonchalamment à me nettoyer la patte.

— Tu ne le serais pas non plus, si tu voyageais avec elle. Cleo a pointé la tête en direction de Jennifer, assise juste derrière elle.

— Oh, regardez ! Jennifer a frappé ses mains entre elles, visiblement excitée. Elles parlent entre elles !

Maman s'est mise à sourire elle aussi.

— Oh, Lara est une sacrée bavarde. Surtout quand Dion essaie de regarder la télé. Il dit qu'elle a toujours l'air de savoir exactement quand quelque chose d'important est sur le point d'arriver, et qu'elle l'interrompt toujours à ce moment-là.

Cleo les ignorait, aussi, j'ai fait de même.

— Elle semble… enthousiaste, ai-je dit après avoir regardé Jennifer attentivement.

— C'est un des mots qui peuvent la définir, a-t-elle dit dans un soupir. Cleo s'est rapprochée, comme si elle voulait chuchoter pour que Jennifer ne l'entende pas. Comme si les humains pouvaient *nous* comprendre comme nous les comprenons. Elle est tellement excitée par les choses qu'elle oublie ce qui compte *vraiment*. Moi.

— Oui, je connais ça.

J'ai jeté un coup d'œil à Gobi, toujours couchée sur l'autre lit. C'était elle, l'origine de l'excitation de papa et maman. Et bien qu'ils ne m'aient pas complètement oubliée, ils avaient définitivement cessé de se rappeler que c'était moi, l'animal le plus important dans leur vie.

— Elle ne peut pas rester inactive, il faut toujours qu'elle s'agite, a continué Cleo, trop heureuse d'avoir quelqu'un à qui se plaindre de sa maîtresse. Elle a commencé à s'intéresser aux cristaux l'année dernière. Elle n'arrêtait pas d'essayer d'utiliser tous ces bouts de cailloux pour me guérir.

— Tu étais malade ? Qu'est-ce qui n'allait pas ?

— Rien, a dit Cleo, l'air fatiguée. Sauf quand elle m'a fait tomber ce gros morceau de quartz sur la queue.

J'ai grimacé, et j'ai mis une patte sur mon visage. Ça devait être très douloureux.

— Le pire, a poursuivi Cleo, ce sont les aventures.

— Les aventures ? Mes oreilles se sont tendues en entendant ce mot – même si Cleo l'avait prononcé comme un de ces mots que maman reprochait parfois à papa d'utiliser.

— Oui. Depuis que Jeremy, son mari, est mort, elle parcourt le monde dans tous les sens.

— Pourquoi ? C'était la partie que je ne comprenais pas encore tout à fait au sujet des aventures : pourquoi les gens voulaient à tout prix en avoir. Je savais pourquoi *j'en* avais besoin. Mais tout le monde n'en avait sans doute pas besoin pour prouver sa supériorité par rapport à un chien. Alors qu'est-ce qu'elles avaient de si spécial ? Jusqu'ici, j'avais juste l'impression de regarder par une fenêtre différente. Rien d'autre n'avait changé, si ce n'est que j'avais dû manger un de ces horribles sachets de nourriture pour le dîner, au lieu de mes crevettes habituelles.

J'étais certaine que j'avais manqué un point important dans ma compréhension des aventures. S'il n'y avait que ça, je ne comprenais vraiment pas pourquoi les gens voulaient en vivre à tout prix.

— Elle veut trouver l'endroit parfait pour disperser ses cendres.

— Ses cendres ?

— C'est ce qui restait de Jeremy, après sa mort, m'a expliqué Cleo.

— Et maintenant elle doit les mettre ailleurs ? Pourquoi ?

— Je n'en ai aucune idée. Mais je les ai entendus parler avant son dernier séjour à l'hôpital. Elle a dit qu'elle lui trouverait l'endroit idéal pour l'éternité. Cleo a haussé les épaules puis a étendu ses pattes devant elle. Tout ce que je sais, c'est qu'elle me traîne dans le monde entier, et qu'elle a une peur panique de l'avion. C'est pour ça qu'elle doit m'emmener partout. Apparemment, je suis son ASE.

— C'est quoi une ASE ?

Pourrais-je en devenir une ? Enfin, si cela s'avérait une bonne chose, bien sûr.

— Animal de soutien émotionnel, a expliqué Cleo. Cela signifie qu'elle me tient contre elle chaque fois qu'un avion décolle ou atterrit, et qu'elle me parle constamment entre les deux alors que j'essaie de faire la sieste.

Je n'avais jamais pris l'avion, ni été aussi loin de chez moi qu'aujourd'hui. Mais je le ferais le lendemain. Je volerais haut dans le ciel jusqu'en Chine, selon maman. Je me demandais s'ils s'accrocheraient à moi.

J'ai regardé Gobi à nouveau. Maman avait une main posée sur sa fourrure tandis qu'elle parlait à Jennifer. Et j'ai su, à ce moment-là, que je n'étais l'ASE de personne. *Gobi* l'était.

Elle était l'animal de compagnie qui avait tout changé. Celle qui avait participé à toutes les grandes aventures, parce que les gens voulaient la voir partout où elle allait.

Pour ma part, je ne faisais que suivre. Ce n'était pas du tout mon grand voyage. C'était le voyage de Gobi.

—Et ce sera son plus long voyage à ce jour. Cleo parlait encore, inconsciente de mon insignifiance. Elle va jusqu'en Australie, cette fois. C'est pratiquement une journée entière d'avion, d'après ce qu'elle dit. Et… La voix de Cleo est devenue de plus en plus basse, comme si elle avait honte de ce qu'elle allait dire ensuite. Je suis moi-même terrifiée à l'idée de prendre ce vol. C'était déjà assez dur de se balader en Europe. Mais une journée entière dans un avion ? Non, je n'en peux plus. Tout ce que je veux, c'est rentrer chez moi, même avec ce distributeur automatique de nourriture qu'ils utilisaient quand ils partaient en week-end. C'est vraiment trop demander ?

J'ai émis un vague bruit sympathique, mais mon cerveau restait bloqué sur ce mot.

Australie.

J'étais au courant pour l'Australie. Je n'en savais pas grand-chose, mais suffisamment pour me faire une idée.

C'est de là que venait papa, avant qu'il nous rencontre, maman et moi. Il avait grandi là-bas. Il m'avait montré, une fois, sur la carte – et c'était même encore plus loin que la Chine.

Papa parlait parfois de l'Australie. Pas souvent, mais de temps en temps. Parce qu'il n'y était pas retourné depuis des années, bien avant de trouver Gobi dans le désert.

Ce qui veut dire que *Gobi* n'était jamais allée en Australie.

C'était une aventure qui était trop lointaine, même pour Gobi.

Mais j'étais sûre de pouvoir le faire.

J'ai étudié Cleo attentivement. Même fourrure blanche duveteuse et brun foncé. Les mêmes yeux bleus. Même queue duveteuse. Nous nous ressemblions vraiment beaucoup…

Soudain, une idée m'est venue à l'esprit. Une idée folle et aventureuse. C'était plus extrême qu'une traversée en ferry ou qu'une tournée pour la promotion d'un livre. C'était peut-être même plus excitant que d'être kidnappé en Chine ou de courir un ultra-marathon.

Le genre d'idée qui, si elle fonctionnait, signifierait que *personne* ne pourrait plus jamais dire que je n'étais qu'un chat domestique d'intérieur.

Non, je serais Lara, chatte aventurière, l'animal de compagnie dont tout le monde veut parler. Peut-être même écriraient-ils un livre sur moi aussi.

— Nous devrions échanger nos places, ai-je dit, sans y réfléchir davantage. J'irais en Australie avec Jennifer, et tu pourrais… Ah. Pour un chat qui détestait voler, j'étais presque sûre que le vol pour la Chine ne serait pas très amusant non plus.

— … me cacher à l'aéroport jusqu'à ce que Jennifer abandonne et revienne à la maison ? a fini Cleo pour moi. Elle s'est soudain assise plus droite, impérieuse et calculatrice. J'avais l'impression que mon aventure venait de me glisser entre les pattes pour atterrir dans les siennes. Oui, ça pourrait marcher.

— Tu crois ? Pour être tout à fait honnête, je n'avais pas pensé aux détails. J'avais parlé sur un coup de tête. Comme Gobi le faisait toujours.

À ma grande surprise, ça m'avait fait du bien.

— Il faudrait faire preuve de ruse. Cleo regardait à nouveau Jennifer, l'air pensive. Mais, oui, je pense que ça pourrait marcher.

— Génial, ai-je répondu. Mais dans ma tête, je me demandais dans quoi je m'étais fourrée. Cela m'avait semblé excitant, mais maintenant que les mots avaient été prononcés, la chose me semblait quelque peu terrifiante.

Je voulais ma propre aventure. Une qui ne concernait pas Gobi.

Il semblait que j'en avais trouvé une.

3

— D'accord, alors comment procéderait-on ? ai-je demandé à Cleo, au moment où papa rentrait dans la cabine avec les cafés et les chocolats chauds.

Nous avons tous les deux cessé de bavarder pour prêter attention à nos maîtres pendant un moment.

— Oh, Dion, Jennifer et Cleo vont à l'aéroport comme nous demain matin. On a de la place pour les déposer, non ? a dit maman en prenant son gobelet.

Papa a haussé les épaules.

— Bien sûr. Heureux de pouvoir vous aider.

Mon père est trop gentil parfois. Je pense que c'est comme ça qu'on a fini avec Gobi à la maison.

Mais à cet instant, cela correspondait parfaitement à mes plans.

— Cela rend les choses beaucoup plus faciles. Cleo a étendu ses pattes devant elle, arquant son dos tout en réfléchissant. Je pouvais presque voir le plan se former derrière ses yeux bleus et calculateurs. Finalement, elle s'est assise à nouveau en disant :

— Voilà ce qu'on va faire.

Je me suis approchée pour écouter. C'était moi qui avais eu l'idée, mais j'allais certainement avoir besoin d'aide pour les détails.

— Tout est question de timing, a avancé Cleo. J'avais

l'impression que Cleo aimait bien s'entendre parler – ce que papa disait toujours de moi quand il regardait le sport. Malgré tout, dans ces circonstances, j'étais prête à supporter ses travers. On ne peut pas faire l'échange avant qu'ils aient vérifié nos passeports et nos puces.

— Bien sûr, ai-je murmuré, même si je me demandais si j'avais moi-même un passeport. J'étais au courant pour la puce, cachée sous ma fourrure, mais je n'avais jamais eu besoin d'un passeport avant. (Mais j'avais vu celui de papa. Il était *à mourir de rire* sur la photo, et maman aimait le montrer à tous les amis qui passaient, chaque fois qu'il se préparait pour un autre voyage.)

— Une fois que nous aurons passé les contrôles, mais *avant* de nous séparer, nous devrons changer de place sans que personne ne s'en aperçoive.

— Facile, ai-je dit sans vraiment y croire. J'ai essayé d'imaginer comment cela allait se passer, mais sans avoir jamais été dans un aéroport auparavant, et sans connaître les questions de sécurité dont Gobi avait parlé, la chose m'était difficile. Serait-ce comme monter sur le ferry, avec l'homme qui grimaçait en scrutant nos papiers ? Ou bien serait-ce totalement différent ?

Si nos maîtres n'y regardaient pas de trop près, ils ne remarqueraient peut-être pas le changement. C'était en tout cas ce que j'espérais.

— On verra bien, a répondu Cleo. Elle devait avoir raison. Il fallait juste que j'attende un peu.

Mais j'étais certaine d'une chose : *ça allait marcher.* Il le fallait. C'était ma seule chance de vivre une vraie aventure, et pas seulement en suivant Gobi. Je n'allais pas la rater.

J'ai levé la tête, étirant mon cou tout en m'asseyant, impérieuse.

— Ça va marcher comme sur des roulettes, tu vas voir. On va échanger nos places, et je vais partir à l'aventure en Australie avec Jennifer, et tu pourras… La faille de mon plan est soudain apparue, évidente. Attends, et qu'est-ce que tu vas faire une fois qu'on aura échangé nos places ? Je ne pensais pas qu'elle veuille aller en Chine avec papa et maman. Mais quel autre choix avait-elle ?

Cleo a haussé les épaules.

— Je resterai assez longtemps avec tes maîtres pour que tu puisses t'enfuir, puis je les perdrai avant qu'on monte dans l'avion.

— Les perdre ? Et comment ? Tu seras dans ma caisse. J'avais déjà essayé d'ouvrir cette porte de l'intérieur, surtout quand ils l'utilisaient pour m'emmener chez le vétérinaire. Mais sans succès.

Mais Cleo n'avait pas l'air préoccupée par cette difficulté.

— Je vais miauler si fort que quelqu'un finira par m'ouvrir la porte. Je n'aurai plus alors qu'à passer devant eux et à m'enfuir en courant.

— Et si tu te fais prendre ? Et même si tu y arrives, d'ailleurs ? Que vas-tu faire ensuite ? J'avais l'impression que Cleo avait déjà planifié sa propre aventure.

— Si je peux rester libre, je me cacherai dans l'aéroport tant que ce sera amusant. Et quand je serai de nouveau prête à vivre avec les hommes, je me laisserai prendre par le personnel de l'aéroport. Ils vérifieront ma puce et me mettront dans un hôtel jusqu'à ce que Jennifer revienne. En espérant que me perdre va lui passer le goût de prendre l'avion.

Pour quelqu'un qui planifiait une évasion audacieuse, Cleo semblait remarquablement sereine. Était-elle nerveuse comme moi, à l'intérieur ? Si elle détestait voler autant qu'elle le disait, elle devait tout de même être un peu nerveuse, non ? J'aurais aimé qu'elle le montre. Ça m'aurait un peu rassurée.

Et il y avait autre chose que Cleo n'avait pas envisagé.

— À moins que Jennifer décide qu'elle me préfère et qu'elle veuille me garder. J'espérais juste l'effrayer un peu. Mais Cleo a ri, ce qui m'a paru quelque peu insultant.

Elle n'avait pas l'air d'être si gentille, après tout. Mais elle m'aidait, alors je devais faire avec pour l'instant.

Plus tard, après que Jennifer et Cleo sont reparties dans leur cabine et que papa et maman se sont couchés, Gobi s'est installée à côté de moi et m'a demandé :

— Qu'est-ce que vous maniganciez tout à l'heure, toi et cet autre chat ?

Je me suis permis un petit sourire suffisant.

— Attends et tu vas voir.

— Je n'aime pas cette chatte, a dit Gobi. Elle a l'air insidieuse. Sournoise. Pas comme toi.

Si seulement Gobi savait à quel point je peux être sournoise, quand j'en ai besoin. Mais c'était peut-être mieux qu'elle ne le sache pas. Maman, papa et Gobi étaient tous tellement convaincus que j'étais un chat domestique ennuyeux qu'ils étaient incapables d'imaginer que je pouvais planifier une telle aventure. Je serais à mi-chemin de l'Australie avant même qu'ils ne réalisent ce qui se serait passé. Impossible qu'ils me voient venir.

Mon plan était parfait.

J'ai souri intérieurement, et je me suis recroquevillée, les pattes sous le menton et la queue enroulée contre le dos de Gobi pour essayer de dormir. Mais sans la distraction apportée par Cleo et Jennifer, ou par l'échafaudage de mon plan, j'avais soudain la conscience aiguë d'être sur un bateau géant au milieu d'une quantité d'eau que je n'aurais jamais pu imaginer, même quand papa me montrait les océans sur sa carte.

Gobi ronflait déjà de nouveau, alors j'ai sauté du lit et je suis retournée sur la petite table située sous la fenêtre, manquant de renverser la bouteille d'eau de maman. Appuyant mes pattes contre la fenêtre, j'ai regardé dehors une nouvelle fois.

Les vagues se levaient et retombaient tout autour de nous, faisant tanguer l'énorme ferry d'un côté à l'autre. La lune brillait dans le ciel, et de nouveau dans l'eau. Je savais, d'après les documentaires que regardait papa, que c'était la même lune qui passait au-dessus de notre maison à Édimbourg, la même lune que ma famille verrait en Chine et la même lune que je verrais en Australie.

Le monde entier à explorer, mais une seule lune. D'une certaine manière, ça m'a rassurée.

Au bout d'un moment, j'ai commencé à me sentir bizarre à force de regarder les vagues, alors je me suis de nouveau allongée à côté de Gobi, écoutant ses ronflements et la respiration de papa et de maman pendant qu'ils dormaient. C'était peut-être la dernière nuit où j'entendais ces sons avant un moment, alors je les ai bus avec avidité, les gardant en mémoire pour les nuits à venir loin de ma famille. Au bout d'un moment, ils ont fusionné avec les autres sons que j'entendais – craquements et cliquetis du ferry, voix d'autres passagers passant devant notre porte, vagues qui claquaient contre le bateau.

Finalement, je me suis endormie en me laissant bercer par les vagues qui secouaient le bateau, imaginant encore une fois le visage de Gobi quand elle s'apercevrait que je vivais une aventure beaucoup plus grande qu'elle n'en avait jamais connu.

*

Les aéroports se sont avérés beaucoup plus grands que ce à quoi je m'attendais. Et beaucoup plus bruyants.

Il y avait tellement de monde, partout, que j'ai tout de suite compris à quel point il serait facile pour Cleo de s'échapper après mon départ. Si elle arrivait à sortir de sa caisse, cependant.

Jusqu'à présent, tout s'était déroulé comme prévu.

Le ferry avait accosté tôt le matin, et nous avions tous pris le petit déjeuner ensemble dans notre petite cabine, avant de partir récupérer notre voiture. Papa a aidé Jennifer à porter ses affaires en l'accompagnant à notre voiture. Nous avons attendu sur le parking géant du bateau, et j'ai jeté un coup d'œil à travers ma caisse, attendant de voir le nouveau pays dans lequel nous étions arrivés, la France.

Jennifer et Cleo ont fait le voyage avec nous jusqu'à l'aéroport, le porteur de Cleo installé à côté du mien. Nous avons échangé des regards, mais nous n'avons pas pris le risque de discuter de notre plan, de peur que Gobi nous écoute. Je ne savais pas comment, mais j'étais presque sûre qu'elle essaierait de nous arrêter. À mon avis, Gobi aimait être le seul animal de compagnie à avoir de si grandes aventures.

Mon corps bourdonnait d'impatience, sentiment qui a duré toute la longue route jusqu'à l'aéroport – et pour une fois, je ne me suis pas endormie dans la voiture ! J'étais bien trop excitée pour ça.

À l'aéroport, Jennifer est restée avec nous, comme Cleo et moi l'avions espéré. J'avais essayé d'imaginer ce que nous ferions si elle décidait de suivre sa propre route une fois sur place, mais sans pouvoir imaginer ce à quoi ressemblait un aéroport, la chose m'était impossible.

Maintenant, je pouvais voir à quoi cela ressemblait, et c'était bien au-delà de tout ce que j'avais pu imaginer.

Cela m'avait aidée que Cleo me parle de ce qui allait se passer – et que ça ne semble pas très différent des systèmes que nous avions traversés au port, la veille. Je comprenais maintenant que les papiers que papa remettait à l'homme en uniforme étaient probablement les miens et ceux de Gobi – pour autant qu'ils soient différents des siens et de ceux de maman.

Personne ne semblait s'intéresser à nous, si ce n'est pour scanner nos puces et jeter un coup d'œil à nos papiers. Sauf, bien sûr, l'homme de la sécurité qui avait reconnu Gobi pour l'avoir vu la télé.

— Je n'arrive pas à croire qu'elle ait vraiment couru tout ce chemin à travers le désert avec vous ! a-t-il dit tout en vérifiant le passeport de Gobi. Gobi était toute fière d'attirer l'attention, bien sûr.

— Elle l'a vraiment fait. Papa a ébouriffé la fourrure rêche de Gobi. Comme si la mienne n'était pas cent fois plus douce, plus duveteuse et surtout beaucoup, beaucoup plus agréable à caresser. C'est une aventurière née, celle-là.

Je me suis accroupie dans ma caisse, attendant que quelqu'un se souvienne que j'étais là, et plus déterminée que jamais à montrer à mes maîtres que *je* pouvais vivre une aventure encore plus fabuleuse que celle de Gobi. Et qui plus est, je ne ressentirais pas le besoin de m'en vanter constamment à la télé.

Si mon public voulait avoir de mes nouvelles, cependant, je ne me permettrais pas de le décevoir non plus. Et quant à un contrat pour un livre, je ne m'interdirais pas d'y réfléchir…

Finalement, nous avons passé la sécurité, et papa a sorti Gobi de son porteur pour lui passer sa laisse. Maman a alors sorti mon harnais – celui qu'elle utilise lorsque nous faisons de longs trajets en voiture, quand j'ai besoin de me dégourdir les jambes au bord de la route. Mes yeux se sont élargis quand je l'ai vu dans sa main.

On n'avait pas prévu le harnais.

Juste derrière nous, Cleo et Jennifer sortaient elles aussi de la sécurité, et j'ai essayé d'attirer l'attention de Cleo par la grille de ma porte. Une fois le harnais en place, il n'y aurait plus aucun moyen de s'échapper – du moins pas sans faire tomber à l'eau nos plans. Mon harnais est… disons, distinctif. (Il est rose vif, avec des fleurs jaunes et orange dessus. C'est papa qui l'a choisi, pour la petite histoire. Il pensait apparemment faire une bonne une blague. Mais maman a trouvé qu'il serait certainement moins probable que quelqu'un essaie de me voler, alors elle insiste pour l'utiliser dès que nous allons quelque part en voiture.)

Maman était encore en train de démêler la laisse du harnais quand Jennifer a posé le porteur de Cleo sur le sol, juste en face de moi. Parfait ! Attirant son regard, je lui ai fait part de mes préoccupations. Mais Cleo a simplement souri.

— Attends mon signal, a-t-elle dit.

Son signal ? Comment saurais-je quel serait son signal ? Nous n'avions discuté d'aucun signal lors de la planification de la veille. Et si je ratais ma seule chance de vivre une aventure parce que je n'avais pas reconnu le signal ?

Cleo ne savait-elle donc pas que tout ça était nouveau pour moi ?

Mais tandis que je m'inquiétais en silence, maman s'est agenouillée pour ouvrir ma caisse. Au moment où la porte s'est ouverte, Cleo a commencé à faire un vacarme incroyable, hurlant et griffant son coffre de toute sa fureur.

Oh. C'était probablement le signal. En effet, c'était difficile à manquer.

J'ai poussé ma patte contre la grille de la caisse. Maman l'avait laissée ouverte ! Et elle était distraite – comme tout le monde dans les environs immédiats – par les miaulements frénétiques de Cleo. Personne ne faisait attention à moi. J'ai facilement glissé hors de ma boîte, et rejoint Jennifer tandis qu'elle ouvrait le sac de Cleo pour voir quel était le problème. Personne ne m'a remarquée, comme d'habitude.

Cleo a poussé la porte dès qu'elle s'est ouverte, et a foncé sur moi, mêlant sa fourrure à la mienne tandis que nous nous enroulions l'une autour de l'autre. Depuis l'extérieur de notre spirale féline, il devait être presque impossible de dire quelle fourrure appartenait à quel chat. Nous ne faisions vraiment qu'un.

— Lara ! m'a réprimandée maman, tandis qu'elle s'approchait pour m'attraper. Tu sais bien qu'il ne faut pas t'enfuir.

En effet, je n'avais jamais même *pensé* à m'enfuir avant ce voyage. Mais maintenant… l'aventure m'appelait. C'était ma dernière chance de changer d'avis. Le cœur battant, j'ai pensé à renoncer – et à accepter de n'être que le second animal de compagnie derrière Gobi l'aventurière, et ce pour le reste de ma vie –, mais cette dernière idée m'a finalement fait me décider.

Je me suis jetée hors du chemin de maman à la dernière minute, et Cleo a fougueusement sauté à ma place. Maman ne regardait même pas vraiment – elle écoutait Jennifer qui disait :

— Je suis désolée ! C'est la faute de Cleo, elle l'a contrariée. Je ne sais pas *pourquoi* elle a fait ça.

— Je ne pense pas que nous prendrons le risque de sortir à nouveau Lara de son sac, de toute façon, a dit maman tout en tenant fermement Cleo par l'échine, avant de la passer à papa. Puis maman a remis le harnais dans son sac, tandis que papa fixait fermement la porte de mon porteur – avec Cleo à l'intérieur.

J'avais raison. J'étais si insignifiante qu'ils n'avaient même pas remarqué qu'ils avaient le mauvais chat.

Je me suis soudain rendu compte qu'une partie de moi espérait que l'opération ne fonctionnerait pas. Que papa et maman ne pourraient *jamais* me confondre avec un autre chat, même si nous nous ressemblions beaucoup.

Mais ils l'avaient fait. Et cela avait rendu mon aventure plus importante que jamais.

— Allez, viens. J'ai réalisé soudain que Jennifer essayait de me pousser à l'intérieur du sac de Cleo, ses mains se pressant contre la fourrure de ma croupe. Après un dernier regard sur ma famille, je suis rentrée docilement, espérant que ma nature agréable ne me trahirait pas trop tôt.

Mon petit cœur battait deux fois plus vite quand la porte s'est refermée. C'était vraiment en train d'arriver. Mon aventure était enfin là.

Dehors, j'entendais Gobi aboyer furieusement. Je me suis rendu compte qu'elle essayait de les avertir de l'erreur qu'ils faisaient. Papa a essayé de la calmer, mais rien n'y faisait. Elle avait remarqué notre échange, bien qu'aucun humain n'ait rien vu. Notre plan s'était parfaitement déroulé. Et Gobi était probablement jalouse que je parte pour une plus grande aventure qu'elle.

Heureusement, Gobi n'avait jamais appris à communiquer correctement avec les humains, elle non plus. Ils ne comprendraient jamais le message à temps pour nous arrêter, de toute manière.

Et Gobi s'en remettrait. Je ne lui manquerais probablement pas, une fois partie.

— Eh bien, merci beaucoup pour le transport jusqu'à l'aéroport, a dit Jennifer en me soulevant. Et désolée pour ce petit grabuge ! Je ferais mieux d'emmener Cleo à notre porte d'embarquement avant qu'elle ne cause d'autres ennuis. Passez un bon moment en Chine.

— Et profitez bien de l'Australie, a dit maman. Par la porte du sac de transport, je l'ai aperçue qui se penchait pour embrasser Jennifer. Et puis nous sommes éloignées de ma famille et de tout ce que j'avais connu auparavant.

Je me suis tordu le cou pour les regarder une dernière fois à travers les interstices de ma grille.

Et je me suis retournée pour faire face à mon avenir.

L'aventure commençait.

Gobi

Ma sœur Lara est la meilleure sœur qu'on puisse avoir. Elle me laisse me blottir contre elle la nuit s'il fait froid ou si je me sens seule. Elle m'enveloppe même de sa queue pour me garder au chaud. Elle partage ses crevettes avec moi, tous les jours. (Je lui ai laissé certains de mes biscuits en retour, mais ils la rendent toujours malade.) Lara est adorable à mordiller, avec toute cette fourrure duveteuse, et elle me manque quand je m'en vais. Elle est toujours là, à m'attendre à la fenêtre, quand je rentre à la maison.

Je n'ai jamais eu personne auprès de moi, avant de rencontrer Dion. Il m'a ramenée chez lui pour rejoindre Lucja et Lara, et maintenant, j'ai bien plus que trois personnes.

J'ai une famille. Et ça fait de moi la chienne la plus chanceuse du monde.

Enfin, jusqu'à aujourd'hui.

Je savais que quelque chose n'allait pas chez Lara, quelque chose qui la tracassait, peut-être, mais je n'arrivais pas à comprendre quoi. Elle semblait agitée, malheureuse même. Mais comment un animal peut-il être malheureux avec une famille aussi belle que la nôtre ?

Je me suis sentie inquiète quand Dion a dit que nous allions retourner en Chine. D'habitude, j'aime partir en tournée avec lui. J'aime les interviews, les rencontres avec les gens et la découverte de nouveaux endroits. Mais la Chine n'était pas nouvelle, et les souvenirs que j'avais de mon lieu de naissance n'étaient pas agréables.

À part ma rencontre avec Dion. Ça, c'est l'un de mes meilleurs souvenirs.

Mais les autres... ma vie en Chine était loin d'avoir été une partie de plaisir. Même courir le marathon avec Dion, bien que j'aie adoré partager sa compagnie et son excitation, avait été difficile. Et tout ce qui s'était passé après... J'essaie très fort de ne pas penser à l'époque où Dion et moi avons été séparés. Mais parfois, j'en ai encore des cauchemars.

Donc, non. La Chine n'aurait pas été mon choix pour notre prochaine aventure ensemble.

Mais quand j'ai réalisé que Lucja et Lara viendraient aussi… ça a rendu les choses différentes. Aller en Chine avec toute la famille, c'était autre chose.

Une chance de réparer le passé, peut-être. De chasser ces cauchemars pour les remplacer par de nouveaux rêves. Des rêves plus heureux.

Tant qu'on restait tous ensemble, je savais que rien de mal ne pouvait m'arriver.

Pas cette fois. Pas avec ma sœur pour me protéger.

Sauf que maintenant, elle n'est plus avec nous.

C'est la faute de cet autre chat. Je le savais. Elle a murmuré des choses à l'oreille de Lara toute la veille au soir, et même si je n'ai pas su de quoi elles parlaient, j'ai tout de suite su que ça ne sentait pas bon. Ça a rendu Lara secrète et distante, comme elle l'était parfois quand elle était fâchée contre moi pour quelque chose.

Elle n'agissait pas comme la sœur que j'ai pu connaître.

Pourtant, je n'ai pas compris à quel point cet autre chat était dangereux. Jusqu'à ce que nous soyons à l'aéroport, et qu'elles nous fassent cette scène où elles se sont enroulées l'une contre l'autre jusqu'à ce que…

Non. Oh non.

C'est là que j'ai compris.

Quand Lucja a pris l'autre chat à la place de ma Lara et l'a mise dans sa caisse.

Pourquoi n'ont-ils pas vu ce qui se passait ? Cet affreux chat avait volé la place de Lara !

Je ne voulais pas d'un autre chat. Je voulais Lara. Et je savais que Dion et Lucja penseraient la même chose que moi, quand ils réaliseraient ce qui s'était passé.

Si seulement ils m'avaient écoutée… J'ai regardé attentivement l'autre chat à travers les barreaux du porteur de Lara. Elle avait l'air très contente d'elle. Elle savait parfaitement ce qu'elle avait fait. Pauvre Lara, trompée par un autre félin !

J'ai essayé de dire à Dion ce qui se passait jusqu'à la porte d'embarquement. J'ai visité beaucoup d'aéroports au cours de ces deux dernières années, et je connais la marche à suivre. Normalement, je m'assieds tranquillement à côté de Dion, à moins que quelqu'un ne veuille me faire des papouilles, alors je me lève et je me laisse caresser pendant un moment.

Mais pas aujourd'hui.

Aujourd'hui, j'ai aboyé sur l'autre chat, j'ai couru autour des jambes de Dion, essayant d'attirer son attention en l'emmêlant dans ma laisse. J'ai même sauté sur les genoux de Lucja pour essayer de la forcer à regarder le chat dans la cage, mais elle pensait que j'en avais après le goûter qu'elle mangeait, et m'a ordonné de redescendre.

Tout en rôdant autour de la caisse, j'ai essayé de trouver une solution.

— Je ne sais pas ce qu'elle a aujourd'hui, a dit Dion en me tapotant la tête alors que je tremblais de colère et de peur à ses pieds. Où était Lara ? Reviendrait-elle un jour à la maison ? Et si elle avait besoin de moi ?

— Peut-être qu'elle veut juste être avec Lara, a suggéré Lucja, plus justement qu'elle ne le pensait. Allez, on peut probablement la laisser sortir avec le harnais, maintenant que Cleo n'est plus là.

Elle s'est penchée et a ouvert la porte de la cage de Lara, le harnais déjà dans sa main. Mais avant même qu'elle n'ait eu l'occasion de le glisser sur sa tête, l'autre chat a poussé la porte et s'est précipité vers le hall de l'aéroport en se faufilant sous les pieds des chaises métalliques fixées au sol.

Je n'ai pas réfléchi. Je lui ai couru après.

Si Lara était partie, je ne pouvais pas risquer de perdre cet autre chat aussi. Pas alors qu'elle était sans doute le seul indice qui pouvait nous aider à retrouver notre chat.

Je devais l'attraper.

J'ai donc poursuivi cet autre chat à travers la porte d'embarquement, jusqu'aux couloirs principaux de l'aéroport, tout en me faufilant entre les jambes des gens et en esquivant des valises en chemin. Tant que je la gardais à portée de vue, j'avais encore de l'espoir – je pouvais encore espérer qu'elle me ramène à la vraie Lara.

Je me suis approchée d'elle alors qu'elle s'approchait d'un grand groupe de voyageurs aux énormes valises à roues. Je l'ai enfin piégée, me suis-je dit. J'ai encore accéléré pour l'attraper – seulement pour qu'elle esquive au dernier moment, me laissant au milieu des valises, les gens me maudissant comme je virevoltais en tous sens, essayant de retrouver mon équilibre.

J'avais l'impression que le sol bougeait sous mes pieds – et il m'a fallu un moment pour réaliser que c'était vraiment le cas ! L'autre chat m'avait piégée sur un tapis roulant – ceux que Dion m'avait toujours interdits lorsque nous traversions les aéroports. Certaines de ces choses duraient des kilomètres, je m'en souvenais. J'aurais déjà perdu ce chat avant d'arriver à l'autre bout !

Déterminée, je me suis battue pour sortir des valises, et pour retourner vers mon point de départ en courant sur le plancher mobile, pour finalement m'effondrer sur les carreaux lisses situés à la fin du tapis.

— Est-ce que Gobi l'a trouvée ? J'ai entendu la voix de Lucja, et quand j'ai levé les yeux, Dion se tenait au-dessus de moi. Au moins, ils avaient compris ce que j'essayais de faire.

Mon cœur s'est brisé quand j'ai réalisé toutes les implications de la situation.

Ils sauraient que j'avais échoué.

Que j'avais perdu Lara. Même si ce n'était pas vraiment elle au départ.

J'ai posé ma tête sur mes pattes et j'ai pleuré.

Comment Dion et Lucja pourraient-ils me pardonner ?

Et comment allions-nous retrouver Lara, maintenant ? Qui me protégerait, en Chine, si ma sœur n'était plus là ?

4

Cleo n'avait pas exagéré quand elle avait dit que Jennifer avait une peur panique de l'avion. Pas étonnant qu'elle n'ait pas voulu aller jusqu'en Australie avec elle.

N'ayant jamais pris l'avion auparavant, je n'avais pas trop d'attentes quant à ce que serait le vol. Et, pour être honnête, j'avais été trop occupée à me concentrer sur la façon dont Cleo et moi allions effectuer notre changement pour me concentrer sur ce qui allait se passer ensuite. Même le vol vers la Chine avec papa, maman et Gobi était trop lointain pour que je m'y attarde, quand il y avait des ferries à prendre et d'autres aventures à vivre d'abord.

Mais maintenant, il était temps de s'envoler. Et soudain, je me suis rendu compte que j'aurais peut-être dû réfléchir *un peu plus* à cette partie du plan au moment d'élaborer ma stratégie.

Nous sommes restées assises pendant des lustres dans une rangée de chaises située au milieu d'autres rangées de chaises, dans un endroit qu'on appelait une « porte » (mais qui n'avait de portes visibles nulle part). Puis une sorte de petite annonce s'est mise à retentir autour de nous. Je ne voyais pas qui parlait, et il était difficile de comprendre les mots utilisés, mais Jennifer s'est alors levée, la poignée de mon porteur à la main. Je me suis penchée vers l'ouverture à mesure qu'elle avançait.

Elle a rejoint une file d'attente composée de nombreuses personnes, et j'ai essayé de regarder autour de moi pour jauger mon environnement. Il y avait beaucoup de fenêtres ici, à la porte. Le verre semblait constituer tout un mur de l'édifice, du moins à ce niveau, et je pouvais voir un grand champ de béton au loin, avec de grandes embarcations blanches toutes dotées d'une paire d'ailes disséminées un peu partout.

Des avions. Dans lesquels je m'envolerais bientôt. Très bientôt.

Les oiseaux volaient, je le savais. Je les avais vus dans le ciel à la maison, et j'en avais même pourchassé un ou deux quand j'explorais le jardin – bien que je doive toujours abandonner au moment où ils passaient le mur du jardin.

Mais maintenant, c'était mon tour. Je me demandais s'il y aurait des oiseaux à attraper, là-haut…

Voler était une aventure, c'était certain. Mais c'était une aventure que Gobi avait déjà vécue de nombreuses fois auparavant, donc d'une certaine façon, cela ne comptait pas encore. Je n'arrêtais pas de me souvenir de tout ce que Gobi m'avait dit sur les avions et les vols, mais rien de tout cela n'était particulièrement utile pour le moment.

J'avais hâte d'avoir une aventure que Gobi n'avait jamais réalisée. D'être celle qui savait quelque chose sur le monde, que Gobi ne savait pas.

— C'est à nous, Cleo. Jennifer m'a encore hissée à elle, tandis que la file d'attente avançait. J'espère que Jeremy apprécie tout ce que je fais pour lui, a-t-elle murmuré.

Je me demandais qui était ce Jeremy et pourquoi il voulait que Jennifer parcoure le monde alors qu'elle détestait voler. Puis je me suis souvenue de ce que Cleo avait dit au sujet du mari défunt de Jennifer, et de l'endroit qu'elle voulait lui trouver pour passer l'éternité. C'était bien de lui qu'elle parlait.

J'espérais pour Cleo que Jennifer trouverait l'endroit parfait pour ses cendres pendant ce voyage. Autrement, Cleo avait encore pas mal de vols devant elle, cela au moins était sûr.

— Les animaux sont tenus de rester dans leur cage pendant le vol, madame, nous a dit l'hôtesse de l'air devant le grand bureau, alors que Jennifer lui montrait notre carte d'embarquement.

— Bien sûr, a répondu Jennifer agréablement. Mais une fois qu'elle ne pouvait plus nous entendre, elle m'a murmuré : Ne l'écoute pas, Cleo. Tu viendras sur mes genoux, comme d'habitude. Tu sais que je ne peux pas voler sans toi ! Mon Dieu, je crois que mes mains tremblent déjà.

Il n'y avait pas de doute à ce sujet. Mon porteur se balançait comme les fleurs devant notre fenêtre, à Édimbourg, tandis que nous marchions dans le long couloir en direction d'une nouvelle porte.

J'ai failli ne pas remarquer que nous étions montées dans l'avion. C'était comme si on passait par une autre porte – comme celle entre le couloir et la chambre à coucher, à la maison. Sauf que soudain, les fenêtres étaient beaucoup, beaucoup plus petites, et les chaises toutes fixées en rangées étroites. Je me demandais si j'aurais mon propre siège. Il n'y aurait pas beaucoup de place pour moi, sinon, dans ma caisse.

Une chose dont je pouvais être sûre alors que nous descendions le chemin au milieu de l'avion, c'est qu'il y avait *plein* de petits endroits où un chat duveteux comme moi pouvait se cacher, si je le voulais. Je ne pourrais probablement pas *descendre* de l'avion une fois qu'il aurait décollé, mais si Jennifer s'avérait trop collante, au moins pourrais-je m'échapper et me cacher ailleurs pendant un certain temps. À supposer qu'elle me laisse sortir assez longtemps pour que je puisse m'enfuir.

Notre siège était presque au milieu de l'avion, près d'une fenêtre. Ça m'a rassurée. Je connaissais les fenêtres et j'aimais regarder à travers. J'espère qu'une fois sortie de ma caisse, comme Jennifer me l'avait promis, je pourrais jeter un coup d'œil à travers.

Vraiment, ce n'était encore une fois pas très différent de chez nous.

Jennifer s'est installée confortablement dans son siège, tirant un magazine, un petit oreiller à la forme de son cou, et un petit sac de gâteries que j'espérais être pour moi. De toute évidence, elle savait exactement ce qu'un voyage comme celui-ci exigeait. Comme Cleo me l'avait dit, elle faisait ça depuis un moment.

J'ai supposé que Jennifer elle-même était un autre indice sur les raisons pour lesquelles les gens partaient à l'aventure. Elle cherchait quelque chose – l'endroit parfait pour disperser les cendres de Jeremy. Un peu comme papa s'était aventuré en Chine pour retrouver Gobi, quand elle avait disparu.

Je me demandais ce que je cherchais, quant à moi, mis à part l'aventure en elle-même. Quoi que ce soit, j'espérais l'avoir découvert avant de l'avoir trouvé.

Une autre femme s'est assise à côté de Jennifer, une femme grande et mince au regard doux. Elle a souri dans ma direction, alors que j'étais au sol aux pieds de Jennifer.

Jennifer l'a visiblement remarqué, car elle a entamé la conversation :

— Bonjour ! Voici Cleo. C'est mon animal de soutien émotionnel.

Je ne l'ai pas corrigée, évidemment.

— Qu'elle est belle, a dit la femme en regardant par les fentes de ma caisse. Je lui ai fait un peu de charme, juste un peu. Les chats ragdoll sont *vraiment* les plus beaux animaux. Bonjour, Cleo. Je suis Caitlin.

— Et je suis Jennifer. Jennifer s'est penchée vers Caitlin, et a chuchoté : Dès que les hôtesses de l'air seront assises, je la ferai sortir pour qu'elle s'assoie sur mes genoux. Alors vous pourrez la voir correctement. C'est une pure race de ragdoll, vous savez. Une chatte très spéciale.

— Je suis sûre qu'elle l'est. L'autre femme n'avait pas l'air complètement convaincue que j'étais quelque chose de plus spécial qu'un joli chat, cela dit, elle ne m'avait pas encore observée correctement. Elle comprendrait avec le temps.

Au cours des minutes qui ont suivi, de plus en plus de gens se sont assis à leur place, à mesure que l'avion se remplissait. Il y avait des femmes et des hommes en costume, avec de petites valises rigides sur roulettes qu'ils entassaient dans les compartiments au-dessus de leurs sièges. Il y avait aussi des familles, avec des sacs à dos et des sacs pleins de jouets. Et au moins un bébé, qui criait et dont j'espérais qu'il s'endorme bientôt. Et il y avait des couples qui se tenaient la main et qui souriaient quand ils trouvaient leur place.

Et à chaque personne qui montait dans l'avion, Jennifer devenait de plus en plus agitée. Je n'étais pas sûre de comprendre pourquoi ; il ne s'était encore rien passé. De quoi devions-nous avoir peur ?

Gobi m'avait dit, avant notre départ d'Édimbourg, que le décollage et l'atterrissage étaient les parties les plus effrayantes du vol. Mais nous n'avions pas encore décollé.

Jennifer paniquait visiblement par anticipation. D'abord, elle avait complètement tiré mon sac sur ses genoux, au lieu de le laisser à ses pieds. Puis elle a commencé à l'étreindre – ses bras se sont enroulés tout autour et ont écrasé les parties souples du sac. Je pouvais sentir sa sueur à travers ses vêtements.

Ce n'était pas ma nouvelle odeur préférée.

— Est-ce que ça va ? a demandé Caitlin, se penchant vers elle avec inquiétude. Vous voulez que j'appelle quelqu'un ?

— Tout ira bien, a dit Jennifer sans aucune conviction. J'ai Cleo avec moi. Elle m'aide à supporter tout ça.

— Vous n'aimez pas l'avion, a réalisé la femme. C'est pour ça que vous gardez votre chat avec vous.

— Bien sûr ! Pourquoi le ferais-je, sinon ?

J'ai aperçu le visage de la femme à travers les ouvertures de mon sac. Elle avait l'air vaguement mal à l'aise, et j'ai deviné qu'elle n'allait pas répondre à cette question. Je me demandais ce qui n'allait pas chez Jennifer, pour qu'elle ait besoin que Cleo la suive partout comme ça.

— Vous êtes sûre que je ne peux rien vous offrir ? a-t-elle dit, à la place. De l'eau ? Une pastille à la menthe ?

Elle se sentait clairement coupable des suppositions qu'elle avait pu faire.

— Non, merci, a répondu Jennifer. Ça ira mieux une fois qu'on aura décollé. C'est juste cette attente. Je déteste l'attente.

Mais à ce moment-là, la voix du pilote s'est fait entendre dans l'interphone – comme Gobi me l'avait dit quand elle m'avait fait la leçon sur tout ce qui allait se passer pendant notre voyage, en bonne chienne qui savait tout. Elle avait ainsi voulu me montrer mon insignifiance, bien sûr. M'expliquant clairement qu'elle avait déjà vécu tout ce que j'allais vivre.

Mais pas ici. C'était *mon* aventure avec Jennifer.

— Nous sommes autorisés à décoller, a dit le pilote, et l'avion a commencé à se déplacer.

Jennifer a émis un couinement aigu, comme un des jouets de Gobi quand elle jouait avec trop brutalement, et avant que je comprenne ce qui se passait, j'étais sur ses genoux, fermement serrée dans ses bras. Exactement ce que l'hôtesse lui avait interdit de faire.

Jennifer portait sa ceinture de sécurité. En dehors de ma caisse, rien ne m'empêchait plus de traverser l'avion. Rien d'autre que l'étreinte étouffante de Jennifer.

Gobi ne m'avait pas dit que papa faisait de telles choses au cours de leurs voyages.

À côté de nous, Caitlin a émis un chuchotement apaisant et a caressé le bras de Jennifer. Je ne sais pas pourquoi elle essayait de l'apaiser alors que c'était *moi* qui étais clairement en détresse. C'était bien *moi* qui n'avais pas de sangles de sécurité, et qui risquais d'être écrasée à mort avant même que nous n'arrivions en Australie.

Jennifer s'est mise à parler, à murmurer des idioties à mon oreille, me parlant de Jeremy et du fait d'être sans lui, et de la façon dont il voudrait qu'elle aille voir sa fille, etc. J'ai arrêté de l'écouter – ça n'avait rien à voir avec moi, après tout – et je me suis plutôt concentrée sur la fenêtre, en espérant que la vue pourrait me distraire de la pression ambiante.

Cette fenêtre n'était pas comme celles par lesquelles j'avais pu regarder avant. Elle était plus petite, pour commencer, et de forme arrondie. Mais ce qui était le plus nouveau, c'était ce qu'on y voyait.

Alors que l'avion s'inclinait et montait, le sol s'éloignait peu à peu de nous, et la rivière de béton de la piste devenait de plus en plus petite. Bientôt, j'ai vu le vert des arbres et les toits des maisons en contrebas, le bleu de l'eau ruisselante, et ce que je croyais être des voitures se déplaçant le long des routes – même si elles semblaient plus petites que des souris.

Puis il n'y avait plus eu que le ciel et les nuages, sur des kilomètres et des kilomètres.

D'une certaine façon, ce n'était pas aussi terrifiant que l'océan sans fin que nous avions traversé sur le ferry. Ce n'était pas de l'eau, mais de l'air.

J'étais à l'endroit où les oiseaux s'envolaient quand je les pourchassais dans notre jardin. J'étais en train de conquérir leur monde aussi bien que le mien. J'étais dans les airs, si loin au-dessus du mur du jardin que je pouvais maintenant aller *n'importe où.*

Ça, c'était de l'aventure. C'était sans doute la raison pour laquelle les gens prenaient l'avion, pour ressentir ça. Comme s'ils échappaient à leur vie, à leur monde, même. Ne pas savoir ce qui allait se passer ensuite, mais attendre impatiemment de le découvrir.

Cette fenêtre *n'était pas* comme les autres, après tout. Parce que cette fenêtre m'emmenait dans un nouvel endroit. Un endroit où mes journées ne se mesureraient pas seulement aux repas et aux siestes et à la même vue de la même fenêtre. Un endroit où je pourrais découvrir qui j'étais, hors de la maison. Où je pourrais être Lara la chatte *d'extérieur*, la chatte aventurière…

Je vivais la plus grande aventure de ma vie, et je me sentais invincible.

C'était suffisant pour que j'oublie Jennifer et la pression qu'elle exerçait sur mon ventre. Pendant un moment, en tout cas.

Finalement, l'avion s'est stabilisé, et Jennifer a commencé à lâcher prise. Libérée, je me suis rapprochée de la fenêtre, plaçant mes pattes contre elle en regardant le ciel. Le monde semblait incroyablement grand vu d'ici. Comme s'il n'avait pas de fin.

— Eh bien. Ça ne s'améliore pas avec le temps, a plaisanté Jennifer. Des gouttes de sueur perlaient sur son front et ses mains étaient moites.

— Tout va bien ? a demandé Caitlin (avec une certaine redondance, à mon avis, car il était clair que Jennifer était clairement tout sauf bien). En vérité, elle me paraissait complètement folle. Qui n'aimerait pas voler ?

Pourquoi diable Cleo avait-elle voulu renoncer à la chance de faire l'expérience de tout cela ? Elle disait qu'elle en avait assez de ces aventures, mais comment quelqu'un pourrait-il jamais en avoir assez ? Je comprenais maintenant pourquoi Gobi et papa continuaient à partir à l'aventure. Il y avait tellement d'endroits où aller ! Je me souvenais de la liste que papa avait donnée des endroits où il avait été avec Gobi, et de toutes ces épingles sur la carte. Peut-être qu'après l'Australie, je pourrais m'envoler vers tous ces endroits aussi !

Maintenant que j'avais commencé, je ne voulais plus m'arrêter.

Jennifer respirait encore très fort, mais elle a fait un geste de la main pour éloigner la question de Caitlin.

— Oh, oui, ça va aller, a-t-elle répondu entre deux respirations. En général, ça s'arrange vite. Du moins, jusqu'à l'atterrissage. Mais j'ai Cleo ici pour me soutenir. N'est-ce pas, Cleo ?

Elle m'a de nouveau serrée contre elle (et de nouveau, trop fort). J'ai soupiré, commençant à me résigner à ce genre de traitement pour le reste du voyage.

Mais Jennifer s'est alors arrêtée et m'a tenue à bout de bras – enfin, autant que l'exiguïté de l'avion le permettait.

— Cleo ? J'ai pris le risque de la regarder. Elle fronçait les sourcils.

Oh. Mince.

J'avais un mauvais pressentiment. Le pot aux roses allait être découvert. Cleo et moi avions l'air *presque* identiques, mais apparemment, le *presque* allait nous perdre.

Jennifer connaissait son chat – mieux que mes maîtres me connaissaient, apparemment.

— Qu'y a-t-il ? a demandé Caitlin. Est-elle malade ? Ou bien a-t-elle, enfin vous savez, eu un accident ? Caitlin faisait la grimace, et je l'ai regardée d'un air indigné.

Jennifer a secoué la tête.

— Rien de tout cela. C'est juste que…, elle a froissé la fourrure de mon cou pour chercher mon collier. Mon collier rose vif avec des fleurs jaunes, assorties à mon harnais. Celui qui était normalement complètement caché sous ma fourrure épaisse. Mais si on savait où le chercher, bien sûr…

Je me suis figée. Il n'y avait nulle part où aller à l'intérieur d'un avion. Je pouvais me cacher dans n'importe lequel des petits endroits que j'avais identifiés à mon arrivée, mais cela ne ferait aucune différence. Il faudrait faire un long, un très long vol pour me retrouver, après tout. Et puis quoi ? Toutes les portes avaient été verrouillées une fois que nous étions montés à bord, et aucune des fenêtres ne semblait pouvoir s'ouvrir. J'étais coincée avec Jennifer, au moins jusqu'à ce qu'on atterrisse.

Peut-être qu'elle ne trouverait pas le collier. Ou bien peut-être qu'il était tombé quelque part, ou quelque chose comme ça.

Ou…

Des doigts chauds et boudinés ont saisi le collier et l'ont tiré à travers ma fourrure. Je me suis préparée.

— Ce n'est pas mon chat ! a déclaré Jennifer, scandalisée.

Oups. Prise en flagrant délit.

5

— Qu'est-ce que vous voulez dire ? a demandé Caitlin. Je croyais que c'était votre ESA ?

— Elle l'est ! a répondu Jennifer, indignée. Du moins, elle *devrait* l'être. Mais ce n'est pas ma Cleo !

J'ai essayé de retourner dans mon sac, mais Jennifer s'est accrochée plus fermement encore qu'elle ne l'avait fait au décollage.

Il n'y avait plus d'échappatoire maintenant.

— Comment est-ce possible ? a demandé Caitlin. Les agents de sécurité ont dû vérifier sa puce et son passeport. Ils ne laissent pas *n'importe quel* animal prendre l'avion, vous savez.

— Je sais ! Croyez-moi. Elle était Cleo quand je l'ai mise dans son sac pour prendre l'avion. Mais maintenant… ce n'est plus le cas !

— Vous savez que c'est impossible, n'est-ce pas ? Caitlin regardait Jennifer comme si elle était folle. En fait, j'étais plutôt désolée pour Jennifer. Je veux dire, elle était plutôt folle, dans son genre, mais elle avait parfaitement raison à ce sujet.

— Mais c'est la vérité. Ses yeux se sont élargis. Oh mon Dieu, si ce n'est pas ma Cleo… comment vais-je supporter ce vol ? Et *l'atterrissage* ?! La voix de

Jennifer devenait plus forte à chaque mot, et plus haute et plus stridente aussi.

Je savais ce que ça voulait dire. Elle était en train de paniquer, comme notre voisine d'Édimbourg quand elle avait trouvé une araignée dans sa maison (les premières fois, ils avaient essayé de m'en faire faire le tour pour que je la mange, sauf que j'ai des standards un peu plus élevés que ça, merci bien. Après ça, maman ou papa se sont promenés avec un verre et une carte à jouer pour capturer l'araignée et libérer la maison).

J'ai commencé à paniquer aussi quand j'ai réalisé à quel point tout ça pouvait être grave.

Si Jennifer paniquait et disait aux gens de l'avion qu'elle n'avait pas amené le bon chat à bord, j'avais le sentiment que les choses pouvaient mal tourner, et très rapidement. Pourquoi n'avais-je pas pensé à ce qui se passerait quand Jennifer réaliserait l'échange ? Tout allait bien pour Cleo, en sécurité à l'aéroport, en attendant que quelqu'un vérifie sa micropuce et l'envoie dans un hôtel pour animaux de compagnie. Mais qu'en était-il de *moi* ? Gobi m'avait dit à maintes reprises combien les humains étaient stricts quant au lieu et au moment où les animaux pouvaient voyager. Il y avait toutes sortes de règles et de règlements. Que me feraient-ils quand ils réaliseraient que j'étais dans le mauvais avion ou, pire, dans le mauvais pays ?

Non. Paniquer n'allait aider personne. Il fallait que je me calme.

J'ai pensé aux fleurs devant ma fenêtre, quand elles flottaient sur la brise, et j'ai essayé de ralentir ma respiration. Sinon, j'allais commencer à haleter comme un chien, et cela n'était pas digne de moi.

L'idée d'adopter un comportement canin a suffi à me distraire de ma panique. Au fur et à mesure que ma respiration ralentissait, mon esprit ralentissait aussi – assez pour me permettre de retrouver mes esprits.

J'avais besoin de calmer Jennifer. Une fois qu'elle serait calme, elle comprendrait qu'elle aurait au moins autant d'ennuis que moi si on me découvrait. Les humains ont toujours blâmé leurs semblables pour ce genre de choses. Ils ne savent pas que nous, les animaux, pouvons prendre nos propres décisions, Dieu merci. Elle ne voudrait pas non plus avoir d'ennuis avec les autorités.

Une fois qu'elle s'en serait rendu compte, elle n'aurait pas d'autre choix que d'accepter l'échange, n'est-ce pas ? De faire comme si j'étais Cleo, après tout. C'était la meilleure option pour nous deux.

Ça pouvait marcher. Ça sonnait mieux que de me jeter par la fenêtre en espérant que je pourrais apprendre à voler très, très vite, ce qui était le seul autre plan que j'avais été capable d'imaginer.

Alors, première étape. Calme-toi, Jennifer. Ce qui, en tant qu'ESA de la journée, était en gros mon travail, de toute façon. Espérons que tout le monde penserait qu'elle angoissait à propos du vol – ce qui n'était certainement pas le fruit de l'imagination de qui que ce soit.

J'ai commencé par mon meilleur ronronnement, le plus rassurant. Le genre de vibration profonde qui installe les nerfs humains aux niveaux les plus bas. Ça a toujours marché pour maman, quand elle était contrariée.

Ça a au moins empêché Jennifer de hurler. Au lieu de cela, elle a commencé à paniquer en chuchotant, ce qui était beaucoup mieux. Caitlin a semblé soulagée, elle aussi.

Ensuite, je me suis approchée un peu plus près, juste sous son menton, ma douce fourrure venant effleurer sa peau en une caresse pleine d'amour. Alors que je m'installais contre son estomac, ronronnant encore, j'ai commencé à lécher sa main avec ma langue, juste assez pour lui montrer que je tenais à elle. Puis j'ai cogné la tête contre ses doigts jusqu'à ce qu'elle commence à me caresser. Il est difficile pour un humain de rester contrarié quand il caresse un chat aussi magnifique que moi.

Finalement, la respiration de Jennifer a ralenti pour revenir à son niveau normal, et je ne sentais plus son cœur battre contre sa poitrine. Mission accomplie. J'étais la meilleure ESA de tous les temps.

— Alors ? a demandé Caitlin, impatiente. Que voulez-vous dire *exactement* quand vous dites que Cleo n'est pas votre chat ? Est-ce qu'elle agit bizarrement, ou quelque chose comme ça ?

— Je veux dire, a dit Jennifer d'un ton feutré, que ce n'est pas Cleo. C'est un chat totalement différent. Regardez ! Elle a encore tiré sur mon collier. Le collier de Cleo est couleur or ! Pas… peu importe de quelle couleur il s'agit là.

Les yeux de Caitlin se sont élargis.

— Mais nous avons déjà établi que ce n'était pas possible.

Jennifer a secoué la tête.

— Eh bien, c'est arrivé. Je ne sais pas comment. C'était définitivement Cleo quand je l'ai mise dans le sac, et maintenant, ça ne l'est plus.

Pour mon esprit félin, ce qui avait dû se passer était assez évident. Mais que Jennifer, paniquée, ait oublié l'autre chat ragdoll qu'elle avait rencontré sur le ferry ou, plus probablement – vu ce que Cleo m'avait dit à son sujet –, que son instinct l'ait simplement dirigée vers la possibilité la plus farfelue, le fait est qu'elle avait sauté sur une conclusion pour le moins improbable.

Pendant que je la regardais, son expression s'est éclaircie, et elle a inventé sa propre explication.

— Vous savez, je pense que c'était peut-être ce qui *devait* arriver, a-t-elle dit.

Caitlin semblait sceptique.

— Vraiment ? Vous *deviez* perdre votre chat et vous retrouver accidentellement avec un autre ?

— Oh, oui, oui. Je crois beaucoup au destin et à toutes ces choses. Tout arrive pour une raison, vous savez, a dit Jennifer, devenant plus confiante dans sa théorie à chaque mot. Ce chat m'a sans doute été envoyé pour une bonne raison.

— Vous pensez que le chat vous a été *envoyé ?* Pourquoi ? La voix de Caitlin était lourde d'incrédulité.

— Eh bien, c'est tout le défi, n'est-ce pas ? Comprendre la signification du message ! C'est comme cette fois où mon sac à main a été volé à Barcelone. C'est en allant au poste de police pour le signaler que j'ai trouvé cette fabuleuse petite place que je n'aurais jamais vue autrement.

— Hum, et comment cela serait-il arrivé ? a demandé Caitlin.

— Certaines choses arrivent, c'est tout, a expliqué Jennifer. Même si nous ne pouvons pas voir la raison qui préside aux événements. Si nous attendons suffisamment longtemps, tout deviendra clair.

— D'accord. Donc, juste pour m'assurer que j'ai bien compris, a dit Caitlin, vous pensez que l'univers, ou quoi que ce soit d'autre, vous a envoyé un chat de remplacement pour une raison mystique qui deviendra limpide avec le temps ?

Jennifer a hoché la tête avec excitation.

— Exactement ! Oh, peut-être qu'elle est là pour me guider vers le bon endroit pour disperser les cendres de mon Jeremy ! Après tout, ce n'est pas comme si j'avais eu beaucoup de chance jusque-là. Jennifer a sursauté d'excitation à cette idée. Caitlin avait l'air plus perplexe que jamais.

J'étais avec Caitlin sur ce coup-là.

— Les cendres ? a demandé Caitlin à voix basse.

— Oh oui, a répondu Jennifer, avec un signe de tête enthousiaste. C'est pour ça que je fais ce voyage. Pour ça et pour voir ma fille, je suppose, bien que je ne sois pas sûre qu'*elle* ait envie de me voir.

— Je vois, a dit Caitlin, sur un ton qui indiquait clairement qu'elle ne voyait pas, mais alors pas du tout. Sa main s'approchait déjà des écouteurs que l'hôtesse de l'air lui avait donnés. J'ai pensé qu'elle devait être une personne assez optimiste, si elle pensait que Jennifer allait arrêter de parler et la laisser regarder tranquillement son film.

Jennifer, je le savais déjà, était du genre parleuse compulsive. Elle parlait à tous ceux qui l'écoutaient, y compris les chats, s'il n'y avait pas d'humains autour d'elle. Une bonne conversation ne me dérangeait pas, mais elle avait tendance à être plutôt unilatérale dans ses échanges. J'ai quand même écouté, car son discours m'éclairerait peut-être sur les prochaines étapes de notre aventure ensemble.

— Avant que Jeremy n'aille à l'hôpital pour la dernière fois, je lui ai promis que je lui trouverais l'endroit idéal pour passer l'éternité. Il ne voulait pas se contenter de rester assis sur la cheminée – c'était un aventurier, voyez-vous. Un voyageur. Il parlait toujours de son temps dans la marine – vous savez, s'enrôler dans la marine et voir le monde, tout ça.

— C'était un marin, a dit Caitlin, essayant de trouver un fil conducteur auquel s'accrocher.

— Pendant des années, jusqu'à ce qu'on s'installe ensemble. Mais même alors, on voyageait quand on le pouvait. Auparavant, prendre l'avion ne me dérangeait pas du tout, tant que j'avais la main de Jeremy à tenir. Mais sans lui, je suis perdue. C'est pourquoi j'ai besoin de Cleo. Elle a plissé les yeux. Ou de qui que ce soit. Peu importe. Qu'est-ce que je disais ?

— Les cendres ? a répété Caitlin en attrapant discrètement le casque d'écoute.

— C'est exact ! J'ai promis à Jeremy de trouver l'endroit parfait pour disperser ses cendres. Et j'ai essayé, depuis l'enterrement. Mais je cherche encore ! J'ai essayé Venise, où nous sommes allés en lune de miel ; Rome, où nous avons passé notre cinquième anniversaire ; Paris, où notre fille a été conçue ; Budapest, où nous avons rencontré quelques-uns de nos amis les plus chers sur une croisière fluviale ; même Cracovie, car je sais qu'il aimait les mines de sel, là-bas ! Mais rien ne semblait parfait. Pas la bonne énergie, vous voyez ce que je veux dire ? Je crois beaucoup aux vibrations et à l'instinct, et au fait de faire ce qui nous semble juste. Alors j'ai médité là-dessus, et j'ai décidé qu'il était temps d'aller plus loin encore, et d'en profiter pour passer du temps avec notre famille.

— Juste vous et le chat de quelqu'un d'autre, a dit Caitlin.

— Oui. Eh bien, ce n'était pas l'intention première, mais ça semble devoir être le cas. Elle a encore tiré mon collier. Pas de plaque, c'est étrange.

Mes poils se sont hérissés. Ce n'était pas étrange. C'était un choix personnel. Je n'ai jamais aimé ces trucs en métal, et papa m'a dit que puisque je ne quittais pas la maison, ça n'avait pas d'importance, de toute façon. Maman avait soupiré et avait rangé l'étiquette dans le tiroir, disant que j'avais une micropuce, de toute façon.

Quoi qu'il en soit, c'était de *mon* choix qu'il s'agissait. Je ne la jugeais pas pour sa croyance dans les cristaux et les vibrations, pas vrai ?

(En fait, je ne m'étais pas gênée pour le faire. Mais ça, elle ne le savait pas.)

— Je pense vraiment que ça doit être ça. Cette beauté a été envoyée pour m'aider à trouver le bon endroit pour disperser les cendres de Jeremy. Tout cela a un sens.

— Un sens évident, a dit Caitlin, non sans sarcasme.

Jennifer n'avait pas l'air d'avoir relevé.

— Je suppose que ça signifie que c'est à moi de donner un nom à cette beauté, a-t-elle déclaré, ravie.

— Êtes-vous sûre que c'est une femelle ? a demandé Caitlin. Là, je l'ai regardée fixement. *Bien sûr* que je suis une femelle. Ne pouvait-elle le dire d'après mon sang-froid et ma grâce ?

— Je perçois une indiscutable vibration féminine, a constaté Jennifer, ce qui était sans doute la première chose sensée qu'elle ait dite depuis notre rencontre.

Elle m'a levée pour me regarder dans les yeux, et je l'ai regardée en retour, essayant de lui transmettre en pensée que mon nom était Lara. Même si cela devait signifier qu'elle se rendrait soudain compte de qui j'étais, et qu'elle prendrait sans doute des mesures pour me renvoyer chez papa et maman. Je pouvais toujours m'échapper à nouveau pour continuer mon aventure.

Mon nom était *mon* nom. Je ne voulais être personne d'autre que Lara.

— Je pense que je vais l'appeler « Chance », a dit Jennifer. Soupirs.

— Chance est un nom affreux, ai-je miaulé. Mais cela n'a fait que la conforter dans son choix : Je crois qu'elle apprécie ce nom !

Encore un humain qui ne comprend rien à rien. Parfait.

Et maintenant, j'étais coincée avec elle, à la recherche d'un endroit pour disperser quelques cendres.

Jennifer m'a serrée contre son visage.

— Oh, Chance, je ne sais pas comment je vais m'en sortir sans toi sur le prochain vol.

Attendez. Que vient-elle de dire ?

Je me suis figée, écoutant attentivement en espérant que Jennifer explique ce qu'elle voulait dire par là.

Je pensais que le but de ma présence était de voler *avec* elle. C'est ce qu'un animal de soutien émotionnel est *censé faire.* Et si elle ne me pliait pas en deux au prochain décollage… *où* serais-je pendant qu'elle décollerait ? Cleo n'avait pas mentionné ce passage.

— Elle ne peut pas voler avec vous jusqu'en Australie ? a demandé Caitlin.

Jennifer a secoué la tête, inconsciente de ma confusion et de ma détresse.

— L'Australie n'autorisera que les animaux qui voyagent en soute, pas dans la cabine. J'ai une escale de deux nuits en Amérique, parce que je voulais y voir un ami, et les vols semblaient moins longs de là-bas. Lorsque nous prendrons notre prochain avion, la pauvre

Chance devra retourner dans son sac et se faire réenregistrer comme bagage, plutôt que comme passager. J'ai tout arrangé avec le personnel de l'aéroport.

Voyager dans la soute ! Ce n'était pas *du tout* le plan. Gobi m'en avait parlé quand elle avait traversé la Chine dans la soute, et ça avait l'air *terrible.* Elle en faisait même parfois encore des cauchemars. Ces nuits-là, je devais serrer ma queue sur elle de toutes mes forces.

Qui enroulerait sa queue autour de moi, après ça ?

Soudain, l'enthousiasme de Cleo pour l'échange de places a pris tout son sens.

— Quel dommage, a alors dit Caitlin, ce qui était probablement l'euphémisme du siècle. Mais bizarrement, Jennifer n'avait pas l'air trop déçue. Vu sa détresse au décollage, j'espérais qu'elle avait une solution à tout ça. Comme ne pas aller en Australie du tout, sans doute.

— En fait, dans ces circonstances, tout pourrait très bien se passer, a dit Jennifer en me regardant à nouveau de haut, son regard étant plus évaluant qu'adorateur. L'amie chez qui je me rends est vétérinaire. Je pense qu'elle pourra m'aider avec la puce défectueuse de « Cleo » avant que nous prenions notre vol pour l'Australie.

— Est-ce que sa micropuce fonctionne mal ? a demandé Caitlin, fronçant les sourcils, question que je souhaitais lui poser également. Autant que je sache, elle avait bien fonctionné à l'aéroport.

— C'est le cas, désormais, a dit Jennifer avec un grand sérieux. Les directives d'importation d'animaux de compagnie comptent parmi les plus laxistes au monde aux États-Unis, alors faire entrer Chance dans le pays ne sera pas un problème. Je dirai simplement que la puce électronique a bougé et que nous ne pouvons pas la trouver sous toute cette fourrure. Ça arrive tout le temps avec les chats ragdoll, à ce que j'ai entendu dire. Mais l'Australie est une tout autre affaire.

— Ils sont assez stricts, là-bas, c'est ça ? Hmm, je n'étais pas sûre d'aimer ce mot, « strict ». Ni le passage avec l'amie vétérinaire. Qu'est-ce que Jennifer avait prévu pour moi ? Mes précédentes visites chez le vétérinaire avaient rarement été amusantes. Je ne voulais pas commencer mon aventure coincée dans le bureau d'un vétérinaire, avec toutes les aiguilles, et autres choses désagréables, qui s'y trouvaient.

— Très stricts, a convenu Jennifer. De multiples visites chez le vétérinaire sont nécessaires, ainsi que des documents à signer et à approuver, et des contrôles poussés sont effectués à l'arrivée. J'aurai besoin de tout pour la faire passer, et j'avais tout préparé, mais pour *Cleo.*

— Mais Chance pourrait avoir besoin de l'aide de votre amie vétérinaire, a deviné Caitlin, hochant la tête. Je comprends, maintenant.

— Les règles australiennes concernant les animaux de compagnie sont l'une des raisons pour lesquelles j'ai repoussé mon départ pour l'Australie pendant si longtemps. Oui, ça et la quarantaine, a ajouté Jennifer, l'air absente. Un frisson m'a traversée de la truffe jusqu'au bout de la queue.

Quarantaine ?!

Je connaissais ce mot. Maman et papa en avaient beaucoup parlé quand ils essayaient de ramener Gobi à la maison, après qu'elle avait été retrouvée. Cela voulait dire être seule, enfermée derrière des barreaux et ne pas avoir d'aventures du tout.

Je ne voulais pas voyager dans la soute de l'avion, je ne voulais pas entrer en quarantaine et je ne voulais *surtout* pas qu'on m'appelle Chance. Ce qui m'arrivait était la pire des aventures.

Miaulant doucement, je me suis assise sur les genoux de Jennifer, ma queue enroulée autour de moi et mes pattes sous mon menton. Soudain, rentrer à la maison et revoir papa et maman n'avait pas l'air d'être une mauvaise idée du tout…

Gobi

La Chine était encore pire que dans mon souvenir. Oh, pas à cause de l'endroit en lui-même ou de ses habitants – Dion m'emmenait faire une promenade tous les jours, et tous les jours les gens s'arrêtaient pour me dire bonjour et me faire des caresses. Nous avons visité le canal que nous avions l'habitude de longer quand nous avons vécu à Pékin pendant quelques mois, avant d'être autorisés à rentrer au Royaume-Uni. Nous nous sommes arrêtés devant l'immeuble où se trouvait notre ancien appartement, et Lucja et lui ont bu un café dans le seul Starbucks de la zone qui m'avait acceptée. De ce point de vue, la Chine était exactement comme dans mon souvenir.

Mais la dernière fois que j'étais venue ici, avec Dion, il était la seule famille que j'avais jamais connue. J'étais heureuse d'être là avec lui. Et même si je savais que Lucja lui manquait, j'étais encore assez nouvelle dans cette famille pour ne pas réaliser ce que cela signifiait vraiment.

Cette fois, je le savais.

À partir du moment où nous avons tous réalisé que Lara était partie – vraiment partie –, notre famille a été brisée. J'avais l'impression d'avoir été blessée à la jambe – comme si nous boitions tous, sans avoir l'équilibre nécessaire pour nous tenir debout tous ensemble.

À Paris, j'avais vu la détresse sur le visage de Lucja, alors que nous nous serrions tous les trois dans l'attente de notre vol.

— Qu'allons-nous faire ? avait-elle demandé à Dion. On ne peut pas rester ici et la chercher ?

— Nous l'avons cherchée, lui avait-il rappelé. Et c'était vrai. Nous l'avions fait. Ensemble, nous avions parcouru chaque centimètre carré de l'aéroport, sans trouver aucun signe de Lara – ou de l'autre chat. Mais ils appellent notre vol, maintenant. Il va falloir continuer à voyager sans elle, avait dit Dion en enroulant un bras autour des épaules de Lucja. Elle est quelque part dans l'aéroport. Ils la retrouveront, j'en suis sûr.

— Et après ? avait demandé Lucja, exprimant mes pensées à ma place. Qu'arrivera-t-il à Lara si nous ne sommes pas là quand ils la retrouveront ?

— J'ai déjà parlé avec le personnel de l'aéroport, l'avait rassurée Dion. Une charmante femme, Françoise, m'a promis que dès qu'ils la trouveront, ils nous appelleront et nous préviendrons, et qu'ils la garderont et qu'on s'occupera d'elle jusqu'à notre retour.

— Je ne suis pas sûre de pouvoir y aller sans elle, avait dit Lucja en secouant la tête. Je sais que tu as besoin d'aller en Chine pour la tournée... mais peut-être que je devrais rester ici et continuer à chercher Lara.

— Nous voulions visiter la Chine en famille, lui avait rappelé Dion. Et je sais que ce n'est pas bien de faire ça quand l'un de nous manque, mais... J'ai confiance en Françoise. C'est aussi une passionnée des chats, elle m'a montré des photos de ses quatre animaux domestiques. Elle s'occupera bien d'elle. Et en restant réaliste, les employés de l'aéroport ont plus de chances de la retrouver en travaillant ensemble que nous, en agissants seuls.

— Je suppose que tu as raison, avait répondu Lucja. Mais il y avait de la rancune dans sa voix. Mais quand ils la trouveront, je reviendrai la chercher. Je le jure. Je suis trop malheureuse sans elle.

J'étais d'accord avec Lucja. C'était censé être notre aventure de vacances en famille, tous ensemble, et maintenant, nous n'étions plus que trois.

Mais le pire – ce qui m'avait empêchée de dormir pendant tout le vol vers la Chine, le fait le plus important – c'est que le seul chat que Françoise pourrait trouver en train de rôder autour de l'aéroport ne serait pas Lara.

Lara était partie avec la propriétaire de l'autre chat, et il n'y avait aucun moyen d'être sûr qu'on la reverrait un jour.

Une fois installé à Pékin, Dion appelait tous les jours l'aéroport de Paris pour savoir s'ils avaient retrouvé la trace de Lara. Parfois, il devait parler à Françoise, qui lui donnait un rapport détaillé de ce qu'elle avait fait et des endroits qu'elle avait fouillés. D'autres jours, quand Françoise ne travaillait pas, il tombait sur un de ses collègues, qui ne nous donnaient pas autant d'informations.

Cependant, peu importe à qui Dion parlait, le résultat était toujours le même.

Il n'y avait aucun signe de Lara.

Il n'y avait aucun signe de l'autre chat non plus, et je n'arrivais pas à savoir si c'était une bonne ou une mauvaise chose. Je n'avais pas abandonné l'espoir que Lara puisse avoir réussi à s'échapper de la nacelle elle aussi. Peut-être serait-elle découverte endormie dans une pile de sweat-shirts, dans le magasin de l'aéroport. Mais seul l'autre chat savait ce qui s'était réellement passé.

J'espérais pouvoir être là quand ils la retrouveraient, pour lui poser la question dont j'avais besoin, plus que tout, de connaître la réponse.

Où était ma sœur ?

J'avais l'impression que ça faisait une éternité que je ne l'avais pas vue. Nous avons continué notre voyage en Chine en faisant des apparitions à la télévision et en signant des livres dans les magasins. En faisant nos promenades quotidiennes à la rencontre de nouvelles personnes.

Et comme le temps passait, je me sentais plus seule que je ne l'avais jamais été avant d'avoir une famille.

Dion et Lucja avaient presque abandonné l'espoir d'avoir des nouvelles de l'aéroport, lorsque l'appel est finalement arrivé. J'ai vu l'excitation et l'attente dans leurs yeux, et j'étais presque contente de ne pas pouvoir leur dire que ce ne serait pas Lara. Au moins, ils avaient encore de l'espoir.

— Nous avons trouvé un chat qui correspond à la description de Lara, a dit Françoise dans le haut-parleur du portable de Dion. Dieu seul sait où elle s'est cachée pendant tout ce temps, ou ce qu'elle a mangé, mais elle a l'air en assez bonne santé. Elle a dû sortir de sa cachette parce qu'elle s'ennuyait.

— Cela ressemble bien à notre Lara, a dit Dion, le soulagement redonnant du corps à sa voix.

Mais ce ne serait pas Lara, je le savais. Ce serait l'autre chat.

Françoise a envoyé une photo par courriel, et nous nous sommes tous blottis autour de l'ordinateur portable en attendant impatiemment qu'elle arrive.

— Elle ressemble beaucoup à Lara, a dit Lucja en penchant la tête pendant qu'elle étudiait l'image.

— Je ne sais pas, a dit Dion, dubitatif. Je n'ai pas l'impression... que c'est elle. Mais qu'est-ce que ça veut dire ?

Je savais, moi, ce que ça voulait dire.

Peut-être était-ce parce que je savais déjà que ça ne pouvait pas être Lara, mais bien que le chat sur la photo ait la même fourrure, les mêmes yeux, la même carrure que ma sœur, elle ne m'était clairement pas familière.

— Demande-leur de vérifier la micropuce, a suggéré Lucja. Dion a hoché la tête.

— Je pense qu'ils sont déjà en train de le faire.

La réponse n'a pas tardé à arriver.

Le chat n'était pas Lara.

— Je suis vraiment désolée, Dion, Lucja, a dit Françoise. J'étais si sûre que c'était elle. Elle ressemblait beaucoup aux photos que vous m'avez données.

— Oui, je sais. Je ne comprends pas, pas du tout. Où diable peut-elle être ? a demandé Dion. Mais je ne pense pas qu'il attendait vraiment une réponse.

Ce qui était tout aussi bien. Car personne n'en avait à lui donner.

Je me suis recroquevillée sur le lit de l'hôtel, j'ai posé ma tête sur mes pattes et j'ai fait semblant de sentir la queue de Lara s'enrouler autour de moi de manière protectrice. Mais je n'ai pas dormi. Je n'ai pas pu.

Alors j'ai écouté, à la place.

— Qu'est-ce qu'on fait maintenant ? a demandé Lucja. Dion a placé son bras autour d'elle et l'a serrée contre lui. Je pensais vraiment que Françoise la trouverait. Je veux dire, comment Lara aurait-elle pu sortir ? Quelles sont les chances qu'il y ait deux chats ragdoll cachés dans cet aéroport ?

— De très faibles à nulles, a soupiré Dion. Elle doit bien être quelque part. On doit juste trouver où.

— Alors, qu'est-ce qu'on fait ? On retourne en arrière et on se met à chercher un chat dans tout Paris ? Je pense que Lucja était ce que Lara appelle sarcastique. Ce n'était pas un très bon plan, de toute façon. Vous ne m'avez même pas laissée rester et fouiller l'aéroport, alors...

— Non. Tu as raison. On ne la trouvera pas en parcourant simplement les rues de la ville comme des touristes. De toute façon, nous sommes bloqués ici en Chine pour une semaine de plus. Dion s'est levé et s'est dirigé vers la fenêtre, fixant Pékin qui s'étendait à l'extérieur. Mais ça ne veut pas dire qu'on ne peut pas fouiller Paris quand même.

— J'ai bien l'impression que si, a répondu Lucja.

— Non ! Écoute. Dion s'est retourné, l'excitation faisant briller son visage. On a bien trouvé Gobi, pas vrai ? Alors que toutes les chances étaient contre nous et qu'il n'y avait aucune raison réelle de penser que nous réussirions.

— Tout comme maintenant, avec Lara, a dit Lucja tout bas. Alors tu veux faire quoi ? Lancer une campagne pour retrouver Lara ? Comme nous l'avons fait pour Gobi ?

— Exactement ! Et nous sommes dans une position idéale pour le faire. En plein milieu d'une tournée, avec la presse mondiale à l'écoute et toute l'attention disponible. On peut le faire, Lucja. Je sais qu'on peut le faire. On peut retrouver Lara. Il l'a attrapée par les mains, et elle l'a regardé droit dans les yeux.

— J'espère que tu dis vrai, a-t-elle dit.

Moi aussi, je l'espère. Parce que c'est peut-être la seule chance de Lara de rentrer chez elle.

6

Je n'aime pas parler de ce qui s'est passé pendant notre escale américaine. Mais il va sans dire que l'amie vétérinaire de Jennifer était une personne douce, qu'elle avait facilement accès à des micropuces et qu'elle était d'accord pour mettre à jour les dossiers de Cleo. Je n'étais pas du tout sûre que c'était légal, mais Jennifer n'avait pas l'air de s'en inquiéter. Apparemment, elle pouvait « sentir » que j'étais en bonne santé et que je n'étais pas une menace pour la population australienne.

Je commençais à comprendre pourquoi les pays avaient des lois sur l'immigration animale. C'était à cause de Jennifer.

Néanmoins, son amie vétérinaire était également convaincue de ma bonne santé (par le biais de méthodes plus scientifiques) et semblait prête à m'aider. J'ai eu l'impression qu'elle était plutôt inquiète pour Jennifer. Ce qui, cela aussi, était logique. Jennifer était une personne inquiétante.

Quoi qu'il en soit, j'ai fini par être enregistrée comme l'animal de compagnie de Jennifer, Cleo, pour correspondre à son passeport, avec une note informative supplémentaire faisant état de la nouvelle puce électronique. J'espérais que cela serait suffisant pour passer les contrôles de l'immigration en Australie.

— Et s'ils ont des inquiétudes, ils ont au moins la période de quarantaine pour s'assurer qu'elle est en bonne santé, a dit la vétérinaire en souriant et en me remettant à Jennifer.

Je l'ai regardée fixement. Et Jennifer aussi, pour faire bonne mesure.

Après quelques jours en Amérique, Jennifer et moi avons pris l'avion pour l'Australie – elle dans les sièges confortables, moi dans ma caisse, dans le froid de la soute de l'avion. Je n'aimais pas beaucoup être traité comme une marchandise – une chose, plutôt qu'un animal vivant et sensible. Je me consolais en pensant que ce voyage faisait partie d'une plus grande aventure. Tout cela en vaudrait la peine une fois que nous serions arrivées en Australie et que la véritable aventure aurait commencé.

Je me suis recroquevillée dans ma caisse pour essayer de rester au chaud, et j'ai essayé de dormir le plus possible. Voler n'était pas aussi amusant quand on ne pouvait pas voir le ciel et la terre par une fenêtre, mais j'en ai rêvé à la place, ce qui m'a aidée. Dans mes rêves, je planais dans le ciel, les pattes et la queue tendues pour m'aider à glisser sur la brise. C'était un bon rêve, même s'il y faisait un peu froid, et il m'a permis de passer le temps jusqu'à notre arrivée.

Je n'aime pas non plus parler des dix jours que j'ai passés en quarantaine à Melbourne, une fois que le personnel frontalier australien avait été convaincu que j'étais Cleo. Apparemment, tous les animaux qui entraient dans le pays devaient passer du temps dans cet établissement de Melbourne, ce qui signifiait que je n'y étais pas seule. Ni spéciale pour quiconque là-bas.

Et je n'aimais pas ça.

Ces dix jours, davantage encore que le temps que j'ai passé avec l'amie vétérinaire, ou que le vol dans la soute, ont été des jours difficiles. Oh, l'établissement était confortable et nous étions nourris régulièrement, mais il n'y avait pas le genre d'amour que l'on reçoit d'un humain auquel on appartient, et c'était difficile à vivre. Même Jennifer m'avait fait me sentir importante et aimée. Ici, je n'étais qu'un autre animal, et les humains présents ne l'étaient que pour voir si je développais des maladies intéressantes.

Je passais la plupart de mon temps à penser à Gobi et à ce qu'elle avait vécu en Chine, avant que papa ne la sauve.

J'avais peut-être été un peu dure avec Gobi. Être enfermée quelque part, loin de ses maîtres, n'était vraiment pas drôle. Et alors que j'avais eu papa et maman depuis toute petite, Gobi avait longtemps vécu toute seule avant de trouver papa. Comment cela s'était-il passé, me demandais-je ? Elle n'en avait jamais parlé, ce qui me faisait penser que ça avait probablement été pire que le vol en soute ou le moment où elle avait été enlevée. Ce qui signifiait que ça avait dû être *vraiment* horrible.

Je me demandais comment Gobi s'en sortait, comment était son retour en Chine, avec tous ces souvenirs de sa vie d'avant. Pendant un moment, j'ai souhaité être là avec elle, pour la soutenir. Puis je me suis rappelé que Gobi m'avait volé ma place en tant qu'animal de compagnie familial, et que c'était la raison de toute cette aventure.

Comme d'habitude, c'était la faute de Gobi.

Je me demandais si papa et maman avaient déjà remarqué que Cleo n'était pas moi. Je me demandais si Cleo s'était échappée, et s'ils avaient tous pris l'avion pour la Chine, sans moi.

Je me demandais s'ils pensaient à moi, aussi.

Au moins, à la maison, même si je restais derrière mes fenêtres, j'avais de l'espace pour errer et explorer. Un espace à moi, que je n'avais à partager qu'avec Gobi – pas avec tous les autres animaux qui avaient voulu entrer en Australie au cours des dix derniers jours. Les bruits – les gémissements de tous ces animaux de compagnie tristes et solitaires qui ne comprenaient pas pourquoi ils étaient enfermés là – m'empêchaient de dormir. Et il va sans dire qu'il n'y avait pas de crevettes à manger, ce qui aurait rendu l'expérience un peu moins traumatisante.

Je ne pense pas avoir jamais été aussi heureuse de voir une humaine, que je l'ai été de voir Jennifer quand elle est venue me chercher après ma quarantaine.

Ce sentiment de bonheur n'a pas duré longtemps.

*

Les fenêtres, en quarantaine, donnaient seulement sur d'autres pièces, pas du tout sur l'extérieur. Aussi, quand Jennifer a posé mon porteur sur le siège passager de la voiture qu'elle avait louée, et que j'ai pu regarder par la fenêtre, ça a été ma première vraie vision de l'Australie.

Pour être honnête, ça n'avait pas l'air si différent de chez nous. Jusqu'à ce que nous arrivions à l'extérieur de la ville.

Nous avons roulé pendant une éternité – et ça m'aurait sans doute paru encore plus long si je n'avais pas passé dix jours dans une prison, et tant d'heures enfermée dans des avions avant cela. J'avais hâte d'arriver à destination et de m'installer au même endroit pendant un certain temps. Pour découvrir sereinement la prochaine étape de ma grande aventure.

Bien sûr, c'était avant que je rencontre la fille de Jennifer.

Nous sommes finalement arrivées à Sydney, après trop de route et pas mal d'arrêts pour que Jennifer puisse aller aux toilettes. Nous étions parties tôt le matin, mais quand nous sommes arrivées, le soleil se couchait déjà. Je l'avais observé toute la journée traverser un grand ciel vide, marquant une autre journée passée loin de ma famille. Un jour de plus à attendre le début de ma véritable aventure. Encore une journée perdue en transit.

La maison devant laquelle nous nous sommes arrêtées était plus basse que d'habitude, comme s'il n'y avait pas d'escalier à l'intérieur. Elle était blanche à l'extérieur, avec des volets à moitié tirés le long de chacune des fenêtres. Il y avait beaucoup d'espace tout autour. Le jardin, à l'avant, semblait trop artificiel pour que des papillons ou d'autres objets volants prennent même le risque de le visiter. L'herbe était trop verte pour être vraie, et les quelques plantes – en pot sur un gravier pierreux – avaient des feuilles vertes immaculées et brillantes, mais pas de fleurs.

Rien qu'en le regardant, notre jardin d'Édimbourg m'a manqué. Il y avait toujours quelque chose d'amusant à y chasser.

Jennifer a sonné à la porte. Son visage était figé dans une expression inconnue. Entre le sourire et le froncement de sourcils. Quelque chose de… vide. Comme si elle se préparait seulement pour la suite.

Comme on attendait que la porte s'ouvre, elle m'a chuchoté sans me regarder :

— On ne va pas dire que tu n'es pas vraiment mon chat, Chance. Ma fille et mon gendre n'ont jamais rencontré une règle qu'ils n'ont pas suivie aveuglément. Ils voudront te remettre en quarantaine, ou pire – t'expulser !

J'ai tremblé depuis mon sac, et je me suis un peu rétractée lorsque la porte s'est ouverte.

J'ai tout de suite su que la femme qui se tenait là était la fille de Jennifer. Elles avaient les mêmes cheveux, les mêmes yeux, la même forme de bouche.

Mais apparemment, les similitudes s'arrêtaient là.

La fille se tenait bien droite, ses épaules osseuses droites et anguleuses, tandis que les épaules de Jennifer étaient plutôt arrondies. Alors que les yeux de Jennifer étaient plissés de rides de sourire, la bouche de sa fille portait des sillons durs sur les côtés, qui la faisaient naturellement se tordre vers le bas. Tandis que les cheveux roux de Jennifer se détachaient comme un nuage de son visage en forme de cœur, ceux de sa fille étaient ratissés pour former une queue-de-cheval mettant en avant des pommettes dures et saillantes.

Mais la plus grande différence se situait dans ses yeux. Ces derniers étaient peut-être de la même couleur et de la même forme que ceux de sa mère, mais tandis que ceux de Jennifer pétillaient d'excitation et d'aventure, les yeux de sa fille étaient froids et inexpressifs.

Je ne l'aimais pas. Je n'étais même pas sûre que *Jennifer* l'aime bien, d'après les quelques mots qu'elle avait dits à son sujet, et son expression au moment de sonner à la porte.

— Maman ! Je n'arrive pas à croire que tu sois enfin venue. Je ne pouvais pas dire d'après le ton de sa voix dure et nasale si la fille était contente ou non de cette visite.

— Je t'avais bien dit que je viendrais ! Jennifer a enroulé ses bras autour de sa fille. Kitty, qu'est-ce que tu croyais ? Que j'allais faire tout ce chemin jusqu'en

Australie et que je n'allais pas venir te voir ? Kitty. Elle avait appelé sa fille Kitty.

Cette femme avait vraiment un faible pour les chats. Soudain, j'ai eu *un peu plus* de sympathie pour la fille de Jennifer.

— Eh bien, il vous a fallu plus d'une semaine pour arriver ici, a souligné Kitty. Nous vous attendions la semaine *dernière*.

— J'ai dû attendre que Chance sorte de quarantaine ! a protesté Jennifer.

Kitty a roulé des yeux.

— Oui. Évidemment. Malgré le surnom que lui donnait sa mère, il était clair qu'elle n'appréciait pas particulièrement la passion dévorante de sa mère.

Je ne pouvais pas être en désaccord avec les priorités de Jennifer – les chats étaient évidemment plus importants que les gens –, mais même *moi*, je pouvais comprendre pourquoi Kitty n'aimait pas cela.

— Alors, on peut entrer ? Jennifer a soulevé mon porteur pour que Kitty puisse me voir. Elle n'avait pas l'air impressionnée, ou particulièrement heureuse de me rencontrer.

Elle n'aimait pas les chats. De toute évidence, ma première impression avait été la bonne.

— Avec le chat ? Kitty a fait la grimace. Maman, tu sais bien que John n'aime pas les animaux. Je pensais…

— Et tu sais que je ne peux pas prendre l'avion sans mon chat ! Pas sans ton père. Tu sais, c'est dur d'être une femme âgée et seule, à des milliers de kilomètres de sa seule famille…

Kitty a soupiré profondément.

— Maman, tu exagères.

Jennifer a encore levé le sac en l'air.

— Et qu'est-ce que tu veux que je fasse ? Que je la laisse dans la voiture ? Écoute, Chance est une invitée parfaite. Tu sauras à peine qu'elle est là.

— Chance ? Je croyais que votre chat s'appelait Cleo ? a dit Kitty, fronçant les sourcils avec confusion. Tout le monde a ignoré la remarque.

Kitty n'avait pas l'air convaincue. J'avoue que ce n'était pas vraiment les retrouvailles auxquelles je m'attendais. Ne devraient-elles pas être un peu plus heureuses de se voir ? D'après ce que j'avais compris des conversations incohérentes de Jennifer, c'était la première fois qu'elle lui rendait visite en Australie. Et la première fois qu'elle la voyait depuis les funérailles de Jeremy, il y a plus d'un an.

— Très bien. Kitty s'est écartée dans un soupir. Mais, *s'il te plaît*, maman, tiens-toi bien pendant ta visite, d'accord ?

— Je ne vois pas de quoi tu veux parler, a dit Jennifer, soudain hérissée.

— Si, tu le sais très bien. C'est *notre* maison, pas la tienne. Donc pas de ces trucs hippies à propos des cristaux et autres bizarreries pendant que tu es là. Tu sais que John et toi allez vous disputer, sinon.

— Il a ses croyances, et j'ai les miennes. Et aucun de nous n'est susceptible de les changer pour celles de l'autre.

La tête haute, Jennifer s'est avancée dans la maison de sa fille, laissant Kitty sur le pas de la porte.

J'avais le sentiment que cette visite promettait d'être haute en couleur.

*

À l'intérieur, la maison de Kitty était aussi blanche et stérile que les murs extérieurs – pas de personnalité, pas d'harmonie. Murs blancs, meubles blancs, tapis blancs sur carrelage blanc. La seule éclaboussure de couleur provenait de quelques images sur les murs – qui n'étaient même pas des images reconnaissables ou des photos de personnes. Juste des taches de couleur bizarres qui ne semblaient pas vouloir dire grand-chose. Il n'y avait pas de carte avec des épingles, ici. Aucun signe d'aventure, ni de quoi que ce soit de personnel.

J'ai détesté cet endroit au premier coup d'œil, et j'ai décidé de laisser autant de poils que possible sur les meubles, juste pour qu'il soit clair que quelqu'un y vivait. Vraiment, je leur rendrais service. Apparemment, aucun d'eux ne savait à quoi devait ressembler une maison.

Pendant que Jennifer me transportait dans la cuisine, deux adolescents sont descendus par les escaliers. Ni en courant, ni en sautant, ni même en se pressant. Plutôt en marchant lentement, sans aucun enthousiasme. De toute évidence, ils étaient aussi enjoués que leur mère à l'idée de voir Jennifer, ce qui n'était pas vraiment son cas.

— Regardez, les enfants. Grand-mère est venue nous rendre visite ! À son crédit, Kitty a essayé d'avoir l'air excitée. Les adolescents ont échangé un regard que je ne suis pas parvenue à déchiffrer, et se sont avancés à tour de rôle pour embrasser leur grand-mère. Rigides.

— Papa sait qu'elle est là ? a demandé le garçon.

— Pas encore. Pas encore. Le sourire de Kitty est devenu plus fragile.

La fille a roulé des yeux.

— *Ça*, ça va être quelque chose.

Hmm. Je n'aimais pas le parfum que ces sous-entendus transportaient.

Juste à ce moment-là, la porte d'entrée s'est ouverte, puis refermée, silencieusement. Celui qui était entré n'avait pas appelé pour annoncer qu'il était rentré à la maison, ou pour s'enquérir de la présence d'un membre de la famille, comme le faisaient toujours papa et maman. Il n'y avait pas non plus d'animal pour courir à la rencontre du nouveau venu, comme Gobi et moi aimions le faire. (Enfin, surtout Gobi. J'attendais d'habitude de voir si le visiteur valait le coup avant de m'enthousiasmer.)

Quand le nouveau venu est apparu sur le pas de la porte, j'ai tout de suite su que ce devait être le mari de Kitty, John – et pas seulement à cause du froncement de sourcils sur son visage.

Vous savez ce qu'on dit parfois, que les gens commencent à ressembler à leurs animaux de compagnie ? Dans ce cas, Kitty avait commencé à ressembler à John. Ou bien peut-être était-ce l'inverse ? Leurs enfants, en tout cas, n'avaient pas été épargnés.

Cela expliquerait cependant l'étrange différence, malgré les similitudes, entre Kitty et Jennifer. Peut-être qu'elle ressemblait autrefois beaucoup à sa mère, mais que les années passées avec John avaient commencé à la transformer.

C'était quelque chose dans le dos redressé, les lèvres abaissées et leur regard hautain. J'ai pu mieux voir les similitudes quand Jennifer m'a laissée sortir de ma carrière, sans cesser de sourire à John pendant tout ce temps. J'étais sûre qu'il était celui qui détestait le plus les chats de la bande – et que Jennifer l'appâtait délibérément.

Je me suis promis de toujours venir dormir sur sa chaise. Un acte de solidarité avec Jennifer, qui justifiait tout ce chemin que j'avais parcouru.

— Jennifer. Finalement, vous êtes venue nous rendre visite. Enfin, a-t-il dit, traversant la pièce pour la prendre dans ses bras. Enfin, ça y ressemblait. Il a quand même réussi à garder une bonne longueur de chat entre eux, et lui a tapoté le dos plutôt que d'autoriser sa main à un contact. Nous vous attendions la semaine *dernière*, a-t-il ajouté, échangeant un regard avec Kitty.

— Les règles excessives quant à l'importation d'animaux de compagnie n'ont pas pu nous empêcher de passer, moi et Chance, a dit Jennifer en faisant un geste dans ma direction. Quoiqu'elles nous aient un peu retardés, pendant que Chance était en quarantaine. J'ai émis un miaulement bruyant pour lui faire bon accueil, juste pour voir sa bouche se baisser un peu encore.

— Mon pays accorde simplement plus de valeur aux humains qu'aux animaux, Jennifer, a attaqué John. J'avais comme l'impression qu'ils s'étaient déjà disputés par le passé.

— Ça ne les rend que plus fous, a répondu Jennifer. Où est la chambre de grand-mère, les enfants ? Qui veut me montrer ? Jack ? Eleanor ? J'ai des cadeaux pour celui ou celle qui m'aide à porter mes sacs !

— Il y a des cristaux, dedans ? a demandé la fille, Eleanor.

— Trouvé ! Jennifer a applaudi joyeusement en disant cela.

L'adolescente a penché la tête vers son frère.

— Jack va t'aider. Puis a disparu dans l'escalier.

Jack a soupiré.

— Alors, viens, grand-mère. Ta chambre est dans l'annexe, à côté du garage.

— Et le chat peut rester là aussi, a ajouté John. Ne le laissez pas entrer dans le reste de la maison.

— Mais pas sur le lit, s'il te plaît, maman, a poursuivi Kitty. Tu sais que je déteste les animaux sur les lits. Les draps ne semblent plus jamais vraiment propres après qu'un chat a dormi dessus.

— Oh, mais tu sais, Chance va un peu où elle veut. Jennifer m'a alors fait un sourire complice. C'est une sacrée aventurière, celle-là.

C'était le plan, de toute façon. Je n'étais pas sûre que cette famille puisse me donner le genre d'aventure que je recherchais. Ils n'avaient pas l'air du genre aventurier *du tout*. Surtout si les animaux de compagnie sur les lits étaient déjà trop pour eux. Ils étaient tous si différents de Jennifer qu'il était difficile de croire qu'ils appartenaient à la même famille.

Cette réflexion m'a fait penser à ma propre famille. Je me demandais ce qu'ils faisaient en Chine. Et s'ils avaient remarqué que j'étais partie.

7

Après avoir passé moins d'une semaine avec la famille de Jennifer, je savais avec certitude que ce n'était en rien l'aventure que je devais vivre.

Je n'étais pas sûre de ce que j'attendais exactement d'une aventure, avant de quitter Édimbourg, mais depuis, j'avais eu tout le temps de réfléchir à ce sujet. Surtout en quarantaine, où réfléchir avait été ma *seule* occupation.

Avec tant de temps pour réfléchir, j'avais rassemblé tout ce que je savais sur les aventures des autres – celles de Gobi, de papa et maman, de Cleo, de Jennifer, et même celles de Jeremy. Tout ce qu'ils avaient dit sur les aventures avait été ajouté et pris en compte. Lorsque je suis arrivé chez Kitty, il y a une semaine, j'avais déjà une liste complète d'éléments pour mon aventure – comme les listes que maman utilisait chaque fois qu'elle allait faire les courses, ou celle quand nous faisions nos bagages pour partir en Chine.

J'avais décidé que mon aventure parfaite devait comporter les éléments suivants :

- voyager vers des endroits nouveaux et passionnants – de préférence des endroits que Gobi n'a jamais visités auparavant ;
- voir beaucoup de choses nouvelles et intéressantes – et pas seulement à travers une fenêtre ;

- rencontrer des humains et des animaux – en évitant les plus hostiles et les agents de l'immigration ;
- sortir et explorer le monde par moi-même – sans humains ni chiens autour de moi ;
- avoir de nouvelles expériences – des expériences dont je pourrai parler à Gobi quand je rentrerai à la maison.

J'avais déjà réalisé le premier en m'envolant pour l'Australie. Quant au numéro deux, bien que les deux premières semaines aient été un échec sur ce point-là (à moins que vous ne comptiez le voyage en soute ou l'unité de quarantaine comme chose nouvelle et excitante, et quand bien même, elle ne compterait sûrement que pour les quelques premières heures), depuis notre arrivée chez Kitty, les choses s'amélioraient.

Quant au troisième point, Jennifer elle-même s'était révélée être de bonne compagnie – du moins lorsqu'elle n'était pas dans un avion. Ignorant les regards exaspérés de sa fille et les commentaires douteux de son gendre sur sa santé mentale, Jennifer m'accrochait tous les matins à un harnais que je présumais appartenir à Cleo et m'emmenait explorer la ville à la recherche du bon endroit pour répandre les cendres de Jeremy.

Elle en avait fait tout un projet. Elle avait dressé la liste de tous les endroits qu'elle voulait visiter, et noté à chaque fois comment s'y rendre. Son projet, malheureusement, n'allait pas beaucoup plus loin. Trouver le *bon endroit* n'avait pas l'air d'être une chose simple, semblait-il.

— Comment sauras-tu quel est l'endroit parfait, maman ? a demandé Kitty, un matin, alors que Jennifer s'apprêtait à sortir. Pourquoi ne fais-tu pas une excursion, comme tout le monde ?

— Je le saurai, a dit Jennifer avec insouciance. Les endroits ont une aura, tu sais, Kitty. Puis elle avait regardé autour d'elle la maison vide et austère dans laquelle vivait sa fille. La *plupart* des endroits, en tout cas.

Elle est sortie par la porte, avec moi qui marchais à ses côtés, et s'est dirigée vers la ville.

En fait, d'après ce que j'ai pu en voir, Jennifer *était* en excursion. Nous avons exploré toutes les deux toutes sortes de coins et d'endroits intéressants de la ville – et Jennifer me lisait son guide pour me présenter chacun d'entre eux. J'ai vu l'opéra de Sydney, avec ses toits blancs balayés par le ciel bleu, le tout au-dessus de l'eau.

— Ils les appellent les « coquilles », m'a dit Jennifer alors qu'elle sirotait un café à une table, à l'extérieur de l'opéra. Les toits, je veux dire.

J'ai jeté un coup d'œil rapide, j'ai bien vu les coquilles et les murs rosâtres du magnifique bâtiment, mais pour être honnête, je me suis un peu ennuyée quand elle a commencé à parler de toutes les expositions et concerts qui y avaient eu lieu. J'étais plus préoccupée par la proximité de l'eau. Un faux dérapage et je pouvais sortir de la passerelle et me retrouver dans les vagues.

J'ai reculé de quelques pas et j'ai attendu patiemment notre prochaine aventure. Ou que Jennifer décide que *c'était* l'endroit parfait pour Jeremy.

Mais ce n'est pas arrivé.

En soupirant, Jennifer a posé sa tasse de café.

— Non, ce n'est pas ici, Chance. Il n'y a aucune âme, ici. Allez, je veux essayer le Harbour Bridge maintenant.

Un pont. Au-dessus de plus d'eau encore. Fantastique.

Le Harbour Bridge n'était pas non plus le bon endroit pour Jeremy, semble-t-il, bien que Jennifer et moi ayons été très impressionnées par les vues du sommet. Du moins, je l'étais tant que je n'avais pas à regarder l'eau en bas. (J'étais aussi très contente que Jennifer n'ait pas décidé de tout faire à pied, car mes pattes commençaient à fatiguer.)

Un autre jour, nous avons visité les jardins botaniques.

— C'est l'hiver ici, bien sûr, a dit Jennifer, regardant autour d'elle les plates-bandes en sommeil. Je suis sûre qu'il y a tout de même de belles choses à voir.

Et il y en avait. Mais ce n'était pas le lieu de repos parfait pour Jeremy.

Nous avons marché dans de nombreuses rues commerçantes et nous nous sommes arrêtées à l'extérieur d'un grand bâtiment que Jennifer a appelé le Queen Victoria Building. Je n'avais pas le droit d'entrer dans la plupart des magasins, mais cela ne voulait pas dire qu'il n'y avait pas beaucoup de choses à voir par ailleurs.

Y compris un chien qui parlait humain. Enfin, presque.

— Regarde, Chance ! Jennifer a sursauté, alors que nous nous arrêtions près d'un mur bas et courbe, à l'extérieur du QVB. Je l'ai regardée dans la confusion, jusqu'à ce que, de nulle part, j'entende une voix.

— Bonjour, je m'appelle Islay. J'étais autrefois la compagne et l'amie de la grande reine Victoria.

J'ai miaulé d'étonnement et Jennifer a ri en se penchant pour me soulever. Elle m'a placée au sommet du mur courbe, et j'ai finalement vu ce qui l'avait tant excitée.

C'était une petite statue sombre de chien – une sorte de pantin négligé, en fait. En contrebas, entourée par le mur incurvé, se trouvait une mare d'eau, remplie de pièces de monnaie.

— En raison des nombreuses bonnes actions que j'ai faites pour les enfants sourds et aveugles, on m'a donné le pouvoir de parole, a encore dit la voix. J'ai regardé de plus près la statue. Manifestement, ce n'était pas *vraiment* le chien qui parlait.

— Si vous jetez une pièce de monnaie dans le puits à souhaits, je vous en remercie. Un touriste est passé et a jeté une pièce.

— Je vous remercie. Woof, woof, woof, a remercié Islay.

— N'est-ce pas adorable ? Jennifer fouillait déjà dans son sac pour trouver des pièces à jeter. Je parie que tu aimerais pouvoir parler comme Islay, n'est-ce pas, Chance ?

J'ai jeté un coup d'œil à la statue. Je m'en suis toujours parfaitement sortie sans avoir à me servir des mots des humains. Se faire comprendre quand on ne parle pas leur langue est la *véritable* réussite. En ce qui me concerne, cela m'a demandé beaucoup plus de talent.

(J'ai été totalement vengée plus tard dans la soirée, lorsque Jennifer a parlé à sa famille de la « charmante statue », et qu'Eleanor a répondu que la vraie Islay avait été tuée après une bagarre avec un chat.)

Un autre jour, nous avons fait une excursion d'une journée dans la voiture que Jennifer avait louée. Il s'agissait d'une réserve naturelle pour voir des kangourous et d'autres créatures dans la nature. (Je suis restée dans la voiture. Il y a des choses qu'il vaut mieux observer depuis des fenêtres, aussi aventurière qu'on puisse être.)

Jennifer a exploré chaque recoin de chaque endroit où nous sommes allées. Cette femme explorait tout, partout. Mais aucun endroit ne semblait satisfaire à ses conditions pour le repos final des cendres de Jeremy.

Je commençais à suspecter qu'aucun endroit ne conviendrait, finalement. Peut-être ne voulait-elle pas le laisser partir, ou quelque chose comme ça.

Quoi qu'il en soit, retour à moi.

Le fait est que j'étais dans une impasse, avec Jennifer. Oui, je voyais des choses nouvelles et excitantes, mais seulement depuis le bout de mon harnais. Je ne pouvais aller que là où *elle* voulait aller, et voir ce qu'*elle* voulait voir. Je n'étais pas libre de rencontrer de nouveaux animaux, ni même de nouveaux humains sans qu'elle monopolise la conversation. Kitty et sa famille détestaient les chats, alors ils ne comptaient pas dans la catégorie « rencontre avec de nouvelles personnes excitantes », et la seule chose qui m'ait permis de rencontrer de nouveaux animaux était la statue d'un *chien*.

Mais surtout, il ne se passait rien de nouveau. On *allait voir* des endroits, des gens et des choses ensemble. Si j'avais voulu simplement regarder, j'aurais pu rester à la maison et regarder la télé. Je voulais être impliquée, d'une façon ou d'une autre.

Même si je n'arrivais pas encore à comprendre *comment*.

Un samedi, Kitty a déclaré qu'ils allaient tous à la plage et qu'ils allaient y rencontrer certains de leurs amis. Honnêtement, j'ai été un peu surprise qu'ils en aient.

— Oh, Chance va adorer ça ! Jennifer a frappé des mains avec joie en applaudissant à sa déclaration (inexacte au demeurant). Je connais les plages. Elles contiennent du sable – qui se coince entre mes griffes – et de l'eau. Ce n'est pas un environnement naturel pour les chats. Je sais que j'ai dit que je voulais de nouvelles expériences, mais cela ne voulait pas dire que j'allais abandonner toutes mes règles.

Alors non, je ne voulais pas aller à la plage. Quoiqu'à la réflexion, ça rendrait la fille de Jennifer furieuse que je sois là.

J'ai regardé Kitty. Elle me regardait déjà dans les yeux, la haine au visage.

— Non, a-t-elle dit. Maman… non, on n'emmène pas les chats à la plage. Les voisins m'ont déjà posé des questions sur la laisse et le harnais. Et je ne veux même pas penser à l'état des couvertures sur ton lit. Mais surtout, *je ne veux pas* que tu m'embarrasses devant nos amis en essayant de mettre ce chat dans un maillot de bain ou je ne sais quoi.

Les yeux de Jennifer se sont élargis, comme si un nouveau monde de possibilités s'ouvrait à elle.

Oui, il était temps de quitter la maison de Kitty et John. Avant que Jennifer ne commence à me traîner dans les magasins de couture pour chat de la ville, ou quelque chose comme ça.

Heureusement pour moi, Jennifer a perdu la bataille de la plage – mais je m'étais quand même cachée derrière les rideaux des fenêtres du salon, au cas où. Kitty m'avait vue, je le savais – je pouvais le voir au petit sourire suffisant qui se dessinait sur ses lèvres. Elle pensait avoir gagné.

Ce qui veut dire qu'elle pensait que Jennifer – et par extension, moi – avait perdu.

Eh bien. C'était inacceptable.

J'ai décidé que, tant qu'à partir, il était juste que je laisse autant de cadeaux d'adieu que possible à Kitty et à John. De plus, il n'y avait pas grand-chose d'autre à faire ici et personne à embêter, de toute façon.

Tout d'abord, je me suis amusée en laissant de la fourrure duveteuse sur autant de tissus d'ameublement que possible, tout en prenant soin de trotter sur toutes les surfaces de la cuisine. Puis j'ai fait une longue sieste sur le lit de Kitty et John, me roulant dans les draps pour une couverture maximale.

J'ai fait une descente dans les placards de la cuisine pour chercher des friandises, mais bien sûr, ils n'avaient pratiquement rien pour moi – seulement les sacs que

Jennifer avait apportés, et je ne pouvais les ouvrir toute seule.

Je commençais à m'impatienter. Ayant pris la décision de partir, j'ai tenté de sortir sans plus attendre. Mais Kitty s'était aussi assurée que toutes les fenêtres étaient fermées – et probablement verrouillées. Non pas que mes pattes et mes griffes aient pu les ouvrir de toute façon.

Alors, j'ai dû attendre que la nuit passe.

Je voulais que mon évasion se déroule le mieux possible, alors j'ai passé un peu de temps à l'organiser, pendant que j'étais libre d'errer dans la maison. Je pensais que ma meilleure chance était la fenêtre haute dans le couloir arrière, juste à l'extérieur de la chambre de Jennifer. Il était fermé à ce moment, mais je me suis souvenue que Jennifer l'ouvrait toujours avant d'aller se coucher, laissant la porte de sa chambre ouverte pour que la brise passe.

C'était parfait. Tant que je pouvais grimper là-haut…

Je me suis assise et j'ai regardé la fenêtre. C'était très élevé. Et assez petit, vraiment.

Serait-ce à ma taille ?

En vérifiant par-dessus mon épaule pour m'assurer que les humains n'étaient pas revenus sans que je m'en aperçoive, j'ai sauté prudemment sur la petite table d'entrée près de la fenêtre. Je ne voulais vraiment pas de témoin, et une séance d'entraînement s'imposait.

Avec une grande inspiration, je me suis accroupie, puis j'ai bondi vers l'avant et vers le haut, vers la fenêtre.

Et me suis écrasée sur la chaise, de l'autre côté, sans même m'être approchée du but.

Hmm. Il fallait un peu plus d'entraînement. Je suis redescendue et je suis retournée à la table.

Dix sauts plus tard, j'étais assez près pour vérifier si mes moustaches passaient à travers. Je ne pourrais savoir si le reste de mon corps serait capable de suivre que quand la fenêtre serait ouverte, au moment de mon évasion.

Ce soir.

Finalement, beaucoup plus tard dans l'après-midi, les humains sont revenus. En entendant la porte, j'ai plongé dans la chambre de Jennifer, me recroquevillant sur le bout de son lit comme si j'avais dormi toute la journée, pendant qu'ils étaient à la plage.

Jennifer est entrée pour me retrouver, bien sûr, et m'a prise dans ses bras.

— Oh, Chance, tu aurais adoré la plage ! Le sable était d'un blanc éclatant, et la mer… oh, tout ça sur des kilomètres, du plus beau bleu azur ! Elle a secoué la tête et s'est assise sur le bord du lit en me prenant sur ses genoux. J'étais sûre que Jeremy adorerait cet endroit. Mais le sentiment que j'attendais… le signe que c'était le *bon* endroit pour disperser ses cendres… n'est tout simplement pas venu.

Elle avait l'air si déçue que j'ai passé la tête sur sa main pour la réconforter, ce qui a eu l'avantage supplémentaire de l'encourager à me caresser.

Je commençais vraiment à me demander si Jennifer trouverait un jour le *bon endroit* pour Jeremy, et même si elle *pouvait* supporter de se séparer de lui. Il me semblait qu'il n'y avait qu'un monde, et si elle ne l'avait pas encore trouvé depuis tout ce temps dans celui-ci… peut-être ne le trouverait-elle pas. De toute façon, je ne pouvais pas rester ici à attendre qu'elle le découvre.

Elle pensait que j'avais été envoyée pour l'aider. Mais la vérité, c'est que j'avais besoin de partir et d'avoir ma *propre* aventure.

À ma grande surprise, j'ai constaté que je me sentais mal d'avoir laissé Jennifer avec sa famille, surtout après tout ce qu'elle avait fait pour m'emmener en Australie. Elle aurait pu me laisser me débrouiller toute seule en Amérique, ou même me livrer aux autorités aéroportuaires. Qui savait ce qui me serait alors arrivé ?

Mais je ne pouvais pas non plus rester, malgré le fait que j'étais officiellement « Chance », et le chat de Jennifer maintenant. Au fond de moi, je savais que je serais toujours Lara. Et Lara avait fait tout ce chemin pour une aventure – et avait l'intention de la trouver.

Ça voulait dire que je devais y aller seule. Comme Gobi l'avait fait.

Il fallait attendre que la nuit tombe, et que tout le monde dans la maison se soit couché – même Jack, qui aimait rester debout beaucoup trop tard devant son ordinateur (et pouvait être persuadé devoir aller me chercher quelque chose à manger si je ronronnais un peu contre lui). Une fois sûre que la maison était totalement silencieuse, je me suis glissée à pas feutrés hors de la chambre de Jennifer, dans le couloir arrière, où Jennifer avait laissé cette petite fenêtre légèrement ouverte, comme toujours.

Après un dernier regard par-dessus mon épaule, j'ai sauté sur la table située sous la fenêtre, fixé l'ouverture et invoqué tout mon courage. Le moment était venu. Après tout ce temps passé à regarder les fenêtres, j'allais enfin en *traverser* une.

Je me suis accroupie et j'ai sauté dans l'inconnu.

*

J'aimerais pouvoir dire que j'ai réussi à traverser la fenêtre d'un seul coup, comme un hybride chat-oiseau, ou quelque chose comme ça. Mais honnêtement, je dois admettre que la chose n'a pas été aussi facile que ça.

Cependant, après quelques contorsions, et au prix d'une petite chute, j'ai finalement réussi à sortir. Rapidement, je me suis extirpée du fourré où j'étais tombée, j'ai fait le tour de la maison et je suis sortie dans la rue – où, tout à coup, le monde entier s'ouvrait à moi.

C'était étrange. J'en avais vu plus sur le monde extérieur au cours de la dernière semaine que je n'en avais jamais vu au cours de toute ma vie, mais cette fois-ci, c'était différent. Peut-être à cause de l'obscurité et des bruits étranges qui commençaient à se manifester un peu partout.

Ou peut-être parce que c'était la toute première fois que je m'y retrouvais seule. Pas de harnais, pas d'humain. Pas même de Gobi à côté de moi pour me dire comment les choses fonctionnaient dans cet endroit nouveau.

Il n'y avait que moi. Lara.

Et une très grande aventure, qui n'attendait plus que je la trouve.

J'ai humé l'air – frais avec des brises nocturnes –, j'ai mis une patte sur le trottoir devant moi et je me suis éloignée de Jennifer, de la maison, et de tout ce qui m'était familier.

Le monde semblait grand. Mais à ce moment-là, je me sentais grande moi aussi.

Je me sentais *libre*.

Gobi

Dion et Lucja étaient comme de petits chiots excités. Ils n'étaient plus les humains désespérés qu'ils étaient devenus au cours des deux dernières semaines en Chine. À leur place, des gens motivés et déterminés avaient repris les rênes, tout à fait certains qu'ils allaient retrouver Lara à Paris.

Je n'avais aucun moyen de leur expliquer que Lara n'était sans doute pas à Paris. Mais leur espoir était contagieux, et je me suis retrouvée à m'inventer des histoires sur la façon dont Lara avait pu s'échapper et rester en France, explorer la ville et se faire des amis. Dans mes histoires, elle était toujours heureuse et en bonne santé. Je ne pouvais pas supporter qu'il puisse en aller autrement.

— Et celle-ci ? Dion a montré une photo de Lara sur l'écran de l'ordinateur. Ils essayaient de trouver la meilleure image à utiliser pour leur nouvelle campagne.

Lucja a fait une grimace.

— Je ne sais pas. Ça ne montre pas vraiment bien ses couleurs.

— Tu as raison. Dion a fait défiler les photos sur l'écran. Celle-ci est mieux ?

— Oui. Lucja a hoché la tête. Ça lui ressemble bien.

Je me suis approchée et j'ai regardé l'écran. Sur la photo, Lara était renfrognée, la tête haute, sa queue duveteuse tournoyant autour d'elle. Telle que dans mon souvenir.

En me repérant, Dion m'a tendu la main et m'a attirée sur ses genoux.

— Ta sœur te manque, n'est-ce pas Gobi ?

J'ai aboyé mon accord, les faisant rire tous les deux. C'était agréable de les entendre rire à nouveau.

— Ne vous inquiétez pas. Nous allons la retrouver. Nous allons rendre cette photo virale, jusqu'à ce qu'elle circule partout. Comme quand nous t'avons retrouvée.

Sa voix était pleine de confiance – et je pouvais presque le croire. Mais je ne pouvais m'empêcher de penser qu'il y avait des différences entre nos histoires. Quand j'avais disparu, ils savaient au moins dans quel pays je me trouvais. Et surtout, je voulais qu'on me retrouve, moi.

Et plus je réfléchissais à cette journée à l'aéroport, me remémorant les événements dans ma tête, plus je commençais à me poser des questions.

Lara n'avait pas résisté quand on l'avait ramassée pour la mettre dans le mauvais sac. Et Lara faisait toujours savoir aux gens quand elle n'était pas d'accord. Alors pourquoi ne l'avait-elle pas fait cette fois-là ?

La seule réponse logique était que Lara s'était enfuie exprès. Mais pourquoi ? Et est-ce que ça voulait dire qu'elle ne voulait pas rester à la maison avec nous ?

J'étais encore en train d'envisager cette possibilité quand Dion a regardé sa montre et a déclaré que nous allions être en retard pour la prochaine interview télévisée.

J'avais été dans beaucoup de studios de télévision depuis que j'étais rentré avec Dion. Après qu'il m'a retrouvée, tout le monde voulait entendre cette histoire – surtout ceux qui avaient fait un don pour m'aider à rentrer chez moi. Dion m'emmenait donc pour des entrevues et parler de nos aventures, afin que tout le monde puisse voir que j'étais heureuse et en bonne santé, maintenant. J'ai beaucoup aimé ces expériences – il y avait beaucoup de lumières, de nouvelles personnes et des odeurs intéressantes, et on me donnait généralement de très bonnes choses à manger, aussi.

Le voyage d'aujourd'hui semblait beaucoup plus important, cependant. Aujourd'hui, même si les gens de la télévision voulaient peut-être poser des questions sur le nouveau livre, Dion et moi avions quelque chose de beaucoup plus important à dire.

Lara.

— Qu'est-ce que ça fait de savoir le monde entier au courant de vos aventures avec Gobi ? a demandé le présentateur.

Dion s'est tourné vers la caméra pour répondre. Avant de commencer, il avait posé des questions sur les traductions et les sous-titres. Je ne savais pas exactement de quoi il en retournait, mais je savais qu'il voulait s'assurer que tous ceux qui regardaient comprendraient ce qu'il allait leur dire.

— Je suis très heureux de partager l'histoire de Gobi avec nos lecteurs du monde entier, a-t-il déclaré. Mais aujourd'hui, ce dont j'aimerais vraiment parler, c'est de la suite de cette aventure. Car la suite de cette histoire parle non seulement de Gobi, mais aussi de sa sœur, Lara, que nous avons perdue en venant ici.

Et il a commencé à raconter tout ce qui s'était passé depuis l'épisode de l'aéroport de Paris.

Bientôt, le monde entier serait à la recherche de Lara.

J'espérais que quelqu'un pourrait la trouver.

Notre voyage en Chine s'est terminé quelques jours plus tard. J'avais passé tellement de temps à être nerveuse à l'idée d'y retourner, puis à avoir hâte d'y être en famille, que le vrai voyage – sans Lara – s'était déroulé de manière floue, obsédée que j'étais de trouver un moyen de ramener ma sœur.

L'interview de Dion avait donné le coup d'envoi d'une campagne virale qui avait vu des centaines de milliers de personnes partager des photos de Lara en ligne. Cette fois, avait-il dit, les choses étaient différentes. Ils n'essayaient pas de récupérer de l'argent, juste de sensibiliser les gens. Ils voulaient que toutes les personnes de la planète soient au courant pour Lara – et qu'elles nous contactent si elles la voyaient.

Jusqu'à présent, personne ne l'avait fait. Mais ce n'était qu'une question de temps, avait dit Dion.

J'espérais qu'il avait raison. Mais la campagne s'est d'abord concentrée sur la France. Et je savais que Lara n'était pas là-bas.

Pourtant, alors que nous retournions au Royaume-Uni par l'aéroport de Paris, où j'avais vu ma sœur pour la dernière fois, je n'ai pas pu m'empêcher de scanner les couloirs et les terminaux à sa recherche. Au bout d'un moment, j'ai réalisé que Dion et Lucja faisaient la même chose. Comme si, même après des semaines, on s'attendait tous à ce qu'elle sorte d'un magasin en nous disant : « Oh, vous êtes de retour ! La Chine ne me disait rien, finalement, alors j'ai préféré rester ici et vous attendre. »

J'aurais donné jusqu'à mon dernier biscuit pour que ça arrive. Mais ça n'a pas été le cas.

Nous nous sommes donc dirigés vers la voiture, puis nous avons roulé jusqu'au ferry pour rentrer chez nous, après le long trajet jusqu'à Édimbourg. Où je savais que je ne trouverais que des souvenirs de ma sœur disparue.

Mais Dion avait d'autres entrevues télévisées, passages à la radio et événements Internet prévus. Il disait à Lucja qu'il n'arrêterait pas avant d'avoir couvert l'intégralité des médias disponibles.

Il ramènerait Lara à la maison.

8

Cette fantastique sensation de liberté a duré toute cette première nuit, tandis que je parcourais les rues à la recherche d'aventure, profitant de tout ce qu'il y avait à voir, à entendre et à sentir dans cette ville. Dans cette banlieue, plutôt. C'est comme ça que Jennifer avait appelé cet endroit, quand nous avions voyagé ensemble en ville. Le centre-ville était à un bon trajet de train de là.

Mais pour l'instant, l'exploration de la banlieue était une aventure suffisante pour moi.

Tout semblait différent d'Édimbourg – ou peut-être était-ce que je n'avais jamais vu de ville autrement qu'à travers une fenêtre. Les sons et les odeurs étaient différents, eux aussi. J'ai passé de nombreuses heures à chasser une odeur, à chercher des choses intéressantes dans les ruelles et les jardins.

Les maisons étaient plus étendues qu'à la maison, et plus basses aussi. Je n'avais jamais exploré Édimbourg de nuit, comme ça, mais j'avais observé sa vie nocturne à travers ma fenêtre, et à travers les vitres de la voiture, parfois, quand nous nous rendions quelque part après la tombée de la nuit. Édimbourg avait beaucoup plus de grands bâtiments et des lumières partout – placées sur des lampadaires ou derrière des rideaux. Ici, les lumières étaient plus dispersées, et il y avait de grandes taches sombres entre elles, qui permettaient de se cacher.

Il y avait encore des gens dans le coin, enfin pour un temps. Je les regardais vivre leur vie, libres de harnais et sans besoin de personne pour les diriger. J'étais comme eux, maintenant.

Je pouvais aller n'importe où, faire n'importe quoi.

Et je n'allais pas me gêner.

L'euphorie de la liberté s'est cependant dissipée à l'heure du petit déjeuner, lorsque mon estomac s'est mis à gargouiller et que j'ai réalisé quelques vérités terribles sur l'aventure. Oui, j'étais seule et libre, mais cette liberté avait un prix.

Seule, je n'avais personne pour me nourrir. Personne pour me caresser ni pour s'occuper de moi.

Où, par exemple, un chat pouvait-il se procurer des crevettes en banlieue, sans humain pour les lui fournir ? Même ces sachets de nourriture avec lesquels Jennifer me nourrissait étaient mieux que rien – et même ceux-là me restaient inaccessibles.

J'avais dépensé tellement de temps et d'énergie à me concentrer sur mon évasion que j'avais oublié de penser à la façon dont cela se passerait, une fois dehors.

À ce moment-là, j'étais déjà très loin de chez Kitty. Je pouvais probablement trouver le chemin du retour si j'en avais besoin – ma propre piste était encore fraîche, après tout. Mais je n'avais pas envie d'abandonner, pas trop tôt.

Je me suis assise sur un mur et j'ai regardé le soleil se lever. Je me suis rappelé les règles que j'avais établies pour mon aventure, et l'impossibilité de les respecter en restant avec Jennifer. Retourner en arrière, c'était tourner le dos à la *vraie* aventure. Gobi n'avait eu personne pour la nourrir, avant qu'elle ne trouve papa. Et Gobi avait survécu. Elle s'en était sortie toute seule. Ça voulait dire que je pouvais le faire, moi aussi.

Je devais continuer. Et je devais pour cela trouver un moyen de me nourrir.

Certains chats, que j'ai connus lors de conversations chez des vétérinaires, ou en compagnie de Gobi, étaient des chasseurs de souris – c'est ainsi qu'ils se nourrissaient. D'autres pourchassaient les oiseaux, pour s'amuser et aussi pour manger. En fait, j'avais *déjà* chassé des oiseaux dans notre petit jardin d'Édimbourg, mais ces autres chats les *attrapaient*, eux, ce qui semblait faire une différence cruciale. Certains, et j'en tremblais un peu, mangeaient des araignées, comme notre voisine d'Édimbourg espérait que je le fasse.

Leur point commun est qu'ils attrapaient eux-mêmes leur nourriture.

Je me demandais où un chat devait aller pour attraper une crevette… peut-être un supermarché ? C'est là que Dion et Lucja semblaient aller chercher *leur* nourriture.

J'avais marché assez loin pour passer les quartiers résidentiels et entrer dans un petit quartier commerçant – pas l'un des centres que Jennifer et moi avions explorés, mais assez grand, espérons-le, pour me fournir un petit déjeuner. Maintenant que le soleil s'était levé, les humains commençaient à aller et venir, sans prêter beaucoup d'attention aux chats errants, ni aux odeurs, ni aux sons excitants de leur ville.

Les humains savaient toujours où trouver leur nourriture. Aussi, je pouvais espérer qu'ils m'y conduisent.

J'ai suivi une humaine à l'intérieur d'un grand magasin aux larges bandes lumineuses. Ses portes s'ouvraient automatiquement (une chose qui m'avait surprise la première fois, à l'aéroport), alors je suis entrée derrière elle. Elle me remarquerait peut-être et me jetterait peut-être une crevette, ou même un biscuit pour chien. (J'avais tellement faim que je ne pouvais pas vraiment me permettre de faire la difficile.) Cette fois, peut-être, ne me rendraient-ils pas malade.

En fait, je pouvais voir des paquets avec des chats dessus, juste là, dans l'allée devant moi. Je n'aimais pas beaucoup les nourritures emballées, mais c'était toujours mieux que rien. Si la cliente pouvait m'en ouvrir un coin…

Mais elle a à peine semblé me remarquer quand elle a pris son panier et a commencé à errer dans les allées. Malheureusement, ça n'a pas été le cas du commerçant.

— Dehors ! Pas de chats dans mon magasin, combien de fois devrai-je vous le dire ? Je ne peux peut-être pas vous empêcher de ravager mes poubelles à l'arrière, mais je peux bien vous chasser d'ici ! Maintenant, va-t'en, *shhh* ! Puis il m'a fait ressortir en agitant ses mains, ouvrant ainsi les portes automatiques – et j'ai déguerpi.

Puis je me suis assise à l'extérieur du magasin et j'ai pensé. Très fort.

Il ne pouvait pas *m'empêcher* d'entrer, pas vrai ? C'était un magasin. Ouvert au public. Tout ce que j'avais à faire, c'était aller jusqu'à ces portes et elles s'ouvriraient à nouveau devant moi. J'avais juste besoin d'être un peu plus furtive et de m'assurer qu'il ne me voie pas. Alors je pourrais essayer d'attraper un de ces sacs de nourriture et m'enfuir avec. J'étais sûre de pouvoir trouver un moyen de l'ouvrir avec mes dents et mes griffes.

Mais quand je me suis approchée des portes automatiques, rien ne s'est passé. Je me suis un peu dandinée pour leur montrer que j'étais là, mais elles ne se sont pas ouvertes.

De l'autre côté de la vitre, je pouvais voir le commerçant me regarder fixement.

Ça n'allait pas marcher.

— Ne sais-tu pas que ces portes ne fonctionnent que pour les humains ? Un grand mâle roux, qui rôdait sur le trottoir derrière moi, se dirigeait vers le coin de la boutique. Nous, les chats, on doit trouver notre nourriture autrement.

J'ai encore regardé la porte. Comment savaient-elles ? Ces portes étaient-elles vraiment si intelligentes qu'elles pouvaient faire la différence entre les chats et les hommes ? Et qu'en était-il des chiens ? J'ai parié qu'elles laissaient entrer les *chiens*. Le monde était si injustement favorable aux chiens.

Gobi aurait eu le droit d'entrer, j'en étais sûre. Mais pour moi, c'était interdit.

Après avoir jeté un dernier regard sur le magasin d'alimentation, j'ai suivi cet autre chat pour lui demander conseil sur la façon d'attraper des choses à manger. De préférence des crevettes. Les chats aidaient les autres chats, non ? Mais celui-ci paraissait en savoir long, et j'étais sûre qu'il serait d'accord pour m'aider, s'il le pouvait.

Mais quand j'ai atteint la ruelle, derrière le magasin, j'ai réalisé que ce chat n'était pas seul.

Cinq chats se tenaient dans l'allée, perchés sur de grands conteneurs pleins d'ordures, ou sur le pas de la porte de l'arrière du magasin, et même sur un toit bas appartenant à l'immeuble situé derrière. Il manquait un œil à l'un d'entre eux, à un autre la moitié de la queue. Ils avaient tous l'air négligés et mal soignés. Et ils me regardaient tous droit dans les yeux.

Depuis que j'avais quitté la maison, je ne m'étais jamais sentie aussi décalée qu'à ce moment précis. Ma fourrure était encore soyeuse et brillante, ma queue intacte, mes yeux clairs et bleus.

Je n'appartenais pas à ce monde. Mais pour l'heure, je n'avais pas d'autre endroit où aller.

— J'ai trouvé celle-là en train d'essayer de franchir les portes du magasin, a dit le mâle roux. Je crois qu'elle voulait aller faire ses courses *comme un humain.*

Tous se sont esclaffés, hautains et cruels. Ma seule envie était de m'enfuir en courant. Mais où ? Ces chats – aussi désagréables soient-ils – étaient ma meilleure chance de trouver quelque chose à manger. Même s'ils n'avaient pas l'air d'avoir déjà même *goûté* à une crevette.

J'étais prête à parier qu'ils se nourrissaient d'araignées, au besoin. Beurk.

— Je cherchais juste quelque chose à manger, ai-je dit, sur un ton aussi neutre que possible. Je ne pouvais pas encore risquer d'être amicale, mais je ne voulais pas les offenser non plus.

— Peut-être pouvez-vous m'aider ? Je poussais peut-être un peu sur la politesse, mais j'étais *vraiment* affamée.

Les chats ont encore ri.

— Tu cherches de la nourriture ? a dit le chat à un œil. N'est-ce pas ce que nous faisons tous ?

— Alors… *où* trouvez-vous votre nourriture ? lui ai-je demandé. Bien qu'aucun des chats ne soit grassouillet, ils n'avaient pas l'air mal nourris, aussi, ils devaient bien manger quelque chose, non ? Et plus que de simples araignées.

Je devais ravaler ma fierté et apprendre d'eux, si je voulais survivre ici.

— Ici même. Une autre chatte a plongé dans les ordures tout en me répondant. Et là, a-t-elle ajouté, réapparaissant avec un demi-sandwich dans la gueule.

C'était peut-être un sandwich *aux crevettes*. Je me suis mise à saliver à cette idée.

Puis je me suis soudain reprise. Manger des ordures ? C'était à ça que j'en étais réduite ?

La chatte a avalé le sandwich. Oui, il fallait se rendre à l'évidence. C'était bien à ça que j'en étais réduite si je voulais avoir un petit déjeuner.

— Super, ai-je dit avec plus d'enthousiasme que je ne l'aurais pensé d'abord. Merci.

J'ai sauté sur le bord de la poubelle, regardant les déchets à l'intérieur et me préparant à y plonger, quand soudain le chat roux a sauté à côté de moi, griffes sorties.

— Pas si vite, a-t-il dit, une patte juste à côté de la mienne, assez près pour me blesser s'il le désirait.

Je me suis figée.

— Mais elle a dit…

— Elle a dit que c'est ici que *nous* trouvions *notre* nourriture, m'a-t-il répondu. Mais tu n'es pas l'une des nôtres, n'est-ce pas ?

— Qu'est-ce que tu veux dire ? J'étais un chat, non ? N'était-ce pas suffisant ?

Les chats aidaient les autres chats, n'est-ce pas ?

Apparemment pas.

— Je peux dire que tu n'es pas d'ici. Pas avec cet accent. Pas avec ton numéro de princesse choyée. Tu cherches des *humains* pour te nourrir, pas vrai ? Il a secoué la tête. Ce n'est pas comme ça que nous fonctionnons, Princesse.

— Je m'appelle Lara, ai-je corrigé. Et ce n'est plus comme ça que je fonctionne non plus.

— Donc tu penses que tu peux débarquer ici et commencer à manger notre nourriture, juste comme ça ? Le chat à un œil a sauté derrière moi pendant que je me concentrais sur Tom. Je me suis retournée, manquant de tomber du rebord, ce qui a fait rire tous les chats. J'étais pleine de honte.

Je devais prouver que j'étais aussi bonne que tous ces chats. Que je pouvais y arriver seule, moi aussi.

S'ils pensaient que je n'avais pas besoin de leur aide, peut-être me l'offriraient-ils, contrairement à ce qu'ils disaient.

— Je… Je pensais que tu proposais de partager. Même *Gobi* partageait parfois sa nourriture avec moi. Bien que ça ait tendance à me rendre malade. Dieu seul savait ce que la nourriture de la poubelle ferait à mon pauvre estomac.

— Tu t'es trompée. La chatte avec le sandwich a atterri sur le rebord en face de moi. J'ai jeté un coup d'œil derrière moi, et j'ai vu que deux autres chats attendaient au sol.

J'étais encerclée.

— Bon, écoutez… je vais y aller maintenant. J'ai essayé de faire quelques pas, mais le borgne m'attendait d'un côté et le roux de l'autre. Je n'avais nulle part d'autre où aller que vers le bas – soit vers les chats au sol, soit dans la poubelle.

Au moins, la poubelle contenait de la nourriture. Ce n'était peut-être pas si mal.

Dans la poubelle, ou sur le sol pour une fuite rapide ? Où devais-je sauter ?

J'avais besoin de leur montrer que je n'avais pas peur d'eux – même si c'était le cas, en réalité. Ils avaient besoin de savoir qu'ils ne pouvaient pas m'intimider comme cela – pas alors que mon petit déjeuner était en jeu.

Il y a eu une pause – une pause lourde de silence – tandis que nous nous observions les uns les autres.

C'est à ce moment que j'ai pris ma décision. Ce n'était pas seulement une question de nourriture. C'était le genre d'aventure que je voulais vivre. Le genre de chat que j'étais devenue.

Je ne m'enfuirais nulle part.

Je ne leur ai pas donné d'avertissement. Je me suis laissée tomber dans la poubelle, et j'ai commencé à fouiller les ordures à la recherche de l'autre moitié de ce sandwich. Le chat à un œil a hurlé et a sauté sur moi, suivi de ses amis, et nous nous bientôt tous retrouvés dans les ordures à gratter et à nous battre pour obtenir les meilleurs morceaux. J'ai poussé un hurlement quand les griffes de l'un d'entre eux m'ont attrapée, et un autre chat a fait de même quand j'ai saisi sa queue entre mes dents, alors qu'il essayait de se mettre entre moi et mon sandwich.

La scène a dû faire un sacré vacarme – nous, les chats, ne nous battons certes pas en silence –, car le commerçant est soudain arrivé depuis la porte, nous criant dessus, nous tirant par la peau du cou et nous jetant à nouveau dans l'allée.

— Vous tous ! Hors d'ici ! a-t-il hurlé, le visage rouge de colère.

Les autres chats se sont enfuis. J'ai commencé à les suivre, mais quelques sifflements m'ont fait comprendre que c'était une mauvaise idée. Je me suis retournée à nouveau. Le commerçant me fixait encore.

Où devais-je aller maintenant ? Ces chats de gouttière n'étaient peut-être pas amicaux, mais c'étaient des *chats*, au moins. Si je ne pouvais plus compter ni sur les humains, ni sur les chats, vers qui me tourner, maintenant ?

— Tu ferais mieux d'être partie avant que je revienne avec les poubelles, a-t-il alors murmuré en se détournant.

Le commerçant a claqué la porte derrière lui en rentrant dans le magasin. J'ai fait quelques pas de plus vers le bord de la poubelle, me demandant si ça ne valait tout de même pas le coup de jeter un coup d'œil pour trouver ce demi-sandwich…

Soudain, je me suis rendu compte que je n'étais pas seule dans l'allée. Il y avait là un autre humain, une jeune fille, qui me regardait en secouant la tête. Elle avait des cheveux brun clair tressés au-dessus de son visage, et un regard amical qui m'indiquait que je n'avais pas à avoir peur d'elle.

Je l'ai aimée à la première seconde.

— Tu n'étais pas à ta place avec ces chats de gouttière, de toute façon. Elle s'est accroupie à côté de moi, m'a regardée attentivement, et je me suis soudain rendu compte de l'horrible image que je devais renvoyer. Ma fourrure était pleine de saletés, et humide à cause des liquides qui fuyaient de la poubelle (et dont je ne voulais pas connaître la composition). De plus, l'un des chats m'avait griffée au visage. Je ne ressemblais plus du tout à la princesse que le chat roux m'avait accusée d'être. Et j'avais tellement faim que j'aurais pu en pleurer. Je n'avais toujours pas trouvé ce fameux demi-sandwich…

J'ai poussé un petit gémissement pitoyable, et la fille m'a doucement tapoté la tête, probablement sur le seul endroit propre qui restait sur mon pelage.

— Je m'appelle Anya, a-t-elle dit doucement en me caressant entre les oreilles. Tu aimerais venir à la maison avec moi ? Je peux te nettoyer et te trouver à manger. Je pense qu'il en reste encore un peu d'avant… d'avant que papa emmène Millie chez le vétérinaire et qu'elle ne revienne pas à la maison. Ses yeux sont devenus tristes au moment de dire cette dernière phrase, et en la regardant, j'ai vu le même genre de tristesse que je voyais parfois dans les yeux de Jennifer.

Je comprenais maintenant son attitude. Son propre chat perdu lui manquait. Je me sentais triste pour elle, ce qui, étant donné que c'était *moi* qui avais été attaquée et couverte de détritus, me paraissait étrange.

Mais une partie de moi ne pouvait s'empêcher de penser… que si le chat d'Anya avait disparu, et que personne ne mangeait sa nourriture, il serait dommage qu'elle soit gaspillée, non ? En plus, Anya avait l'air d'avoir besoin de compagnie. Et pour l'instant, les humains me semblaient être une meilleure option que les autres chats.

J'ai approuvé par un miaulement enthousiaste et Anya m'a tout de suite comprise. Elle m'a fait signe de la suivre, ce que j'ai fait sans hésitation.

Ce truc d'aventurière solitaire avait été largement surestimé, de toute façon.

Les gens que je rencontrais sur mon chemin pouvaient faire partie *eux-mêmes* de ma grande aventure, après tout.

9

La maison d'Anya n'était pas très loin du magasin où elle m'avait trouvée. Je l'ai suivie le long des rues et à travers la route. Elle m'attendait toujours avant de traverser, comme si je ne pouvais pas le faire toute seule. (Ce qui, à dire vrai, n'était peut-être pas totalement faux. Ce n'était pas comme si j'avais traversé beaucoup de routes seule dans ma vie. Même depuis que j'avais quitté la maison de la fille de Jennifer, je m'étais le plus souvent contentée de rester sur les trottoirs autant que possible.)

— Je ne peux pas t'emmener à l'intérieur, j'en ai peur, a-t-elle dit alors que nous arrivions près d'une maison à un seul étage qui ne semblait pas très différente de celle de Kitty, vue de l'extérieur. Mon cœur a commencé à se serrer. Allais-je être aussi mal accueillie ici que dans la famille de Jennifer ? Ma mère serait fâchée. Je pense qu'elle était contente quand Millie est morte, tu sais. Mais ne t'inquiète pas, je connais un endroit où tu peux rester, derrière. Viens !

Je l'ai suivie à l'arrière de la maison, dans le jardin. Qui ne ressemblait en rien, heureusement, à la pelouse soigneusement entretenue, aux arbustes taillés et au patio pavé de la maison de Kitty ! Au lieu de cela, il y avait des plantes sauvages et tout un éventail de fleurs colorées, ainsi qu'une rangée d'arbres à l'extrémité du jardin. Ce n'était pas du tout comme notre petit jardin d'Édimbourg, mais d'une certaine façon, cela ressemblait à quelque chose de familier. À un endroit où je pouvais avoir ma place.

Ignorant toutes les fleurs et l'herbe épaisse, Anya s'est dirigée directement vers les arbres. Alors je l'ai suivie, résistant à l'envie de chasser papillons et autres peluches de pissenlits.

— C'est juste ici, a dit Anya alors qu'elle atteignait la rangée d'arbres. Beaucoup d'entre eux avaient perdu leurs feuilles pour l'hiver, mais quelques herbes et fougères – comme les plantes d'intérieur que nous avions à la maison, mais beaucoup plus grandes – poussaient en dessous. J'imaginais déjà tous les endroits où je pourrais me cacher dans ce jardin quand, sans prévenir, Anya est entrée en contact avec le tronc de l'arbre le plus proche et a disparu !

Je me suis assise et j'ai fixé l'arbre. Ce dernier l'avait-il avalée ? Avait-il prévu de m'avaler, moi aussi ? Je n'avais jamais rencontré d'arbre mangeur de chats auparavant, mais peut-être qu'on en trouvait en Australie.

— Allez ! Le visage d'Anya est apparu entre les branches nues, avec quelques restes de feuillages. Elle me souriait. Tu es un chat, et tu n'as jamais grimpé à un arbre ?

Je n'avais aucun moyen de lui dire que, non, je n'avais jamais grimpé à un arbre. Je n'avais jamais eu aucune raison de le faire. Il n'y en avait pas dans notre petit jardin d'Édimbourg, ni sur le bord de l'autoroute où nous nous étions arrêtés pour nous dégourdir les jambes. Et même s'il y en avait eu, qu'est-ce qui pourrait bien se cacher dans un arbre, qui me donnerait l'envie d'y monter ?

Mais maintenant, j'avais une bonne raison. Anya avait dit qu'elle me donnerait de la nourriture. Alors si elle voulait que je grimpe à un arbre…

J'ai tendu une patte hésitante et j'ai essayé de m'agripper à l'écorce de l'arbre avec mes griffes. Ça avait l'air de marcher…

Il m'a fallu quelques essais pour attraper les branches basses, mais j'ai fini par monter assez haut pour qu'Anya puisse m'attraper en riant.

— Tu sais, on dirait que c'est *vraiment* la première fois que tu grimpes à un arbre, Puss. Elle a commencé à me serrer dans ses bras, avant de se souvenir de l'état de ma fourrure. Allez, viens. Je vais te montrer ma cabane.

La cabane d'Anya était exactement comme j'avais pu l'imaginer. Elle était assez petite, mais avait une porte, deux fenêtres, une chaise à l'intérieur et quelques coussins sur le sol. Elle m'a placée sur un des coussins et m'a étudiée attentivement.

— Tu ne vas pas aimer ça, Puss, mais il va falloir que je te nettoie. Et que je te peigne. Crois-moi, il le faut vraiment.

Elle avait raison. Je n'aimais pas ça.

Le problème avec une fourrure si belle et si soyeuse, c'est qu'il faut s'en occuper. À la maison, papa et maman se disputaient pour savoir à qui reviendrait le tour de me brosser. Car le fait que je sache que ma fourrure avait besoin d'être brossée ne voulait pas dire que j'aimais ça. Je peux habituellement le supporter pendant quelques minutes – ce qui est suffisant pour traiter une partie de ma luxueuse fourrure –, mais plus, c'en est trop pour moi.

Alors, bien sûr, je dois leur faire comprendre que j'en ai assez. Ce que je fais habituellement avec les griffes.

Je crois comprendre pourquoi ils n'aiment pas me brosser (et ne me parlez pas du moment où ils décident qu'il est temps de me couper les griffes). Ce n'est *tout simplement* pas correct, quoi qu'ils disent du fait que je déchire les coussins et que je sème mes poils un peu partout.

Anya s'est baissée pour passer la porte, me laissant seule dans la petite cabane. J'ai rejoint la porte pour la regarder partir. Elle avait l'air d'utiliser une sorte d'échelle en bois et en corde. Je me demandais si c'était plus facile que de grimper au tronc.

— Je vais t'apporter de la nourriture ! a dit Anya tout en sautant au sol.

Eh bien. Dans ce cas, j'étais sans doute prête à me faire brosser. Je devais bien admettre que j'avais besoin d'un petit coup de peigne, et si ça pouvait empêcher mon estomac de gargouiller…

De plus, je ne savais toujours pas comment *descendre* d'un arbre.

*

Anya est revenue un peu plus tard avec un grand sac à dos, dont elle m'a dit qu'il était rempli de provisions.

— Nous avons de l'eau, a-t-elle dit en tirant une grande bouteille en plastique de son sac et en la plaçant sur le sol. Du savon, un gant, un des vieux peignes de maman, une serviette pour te sécher, le lit de Millie pour dormir, un bol pour manger et un autre pour boire, et… de la nourriture pour chat ! Elle a sorti le sachet en souriant, et mon estomac a grondé sur-le-champ.

J'avais du mal à me souvenir de ces moments où j'avais pu refuser de la nourriture en boîte ou en sachet. Comparé à un demi-sandwich gisant dans le fond d'une poubelle, c'était le summum du luxe.

Anya a ri des bruits de mon estomac.

— C'était toi, ça ? Je crois que je ferais mieux de te nourrir avant d'essayer de te nettoyer, alors.

Quelle jeune fille sensée. Je n'allais certainement pas pouvoir garder mon sang-froid pendant tout le brossage si je n'avais pas mangé quelque chose d'abord.

Elle a déchiré le sachet et en a transféré le contenu dans l'un des bols, avant de remplir soigneusement l'autre d'eau. J'ai à peine attendu qu'elle se recule pour plonger dans la gamelle. Je le jure, la nourriture en sachet n'a jamais eu aussi bon goût que dans cette cabane dans les arbres.

Le nettoyage et le brossage ont été moins amusants, mais un estomac plein les a rendus à peu près supportables. Anya m'a parlé tout du long, alors je me suis concentrée sur sa voix, plutôt que sur la sensation désagréable laissée par le peigne. Mes griffes ne sont sorties que quelquefois, mais Anya m'a calmée et m'a rappelé que je ne voulais certainement pas sentir aussi mauvais pour toujours, raison pour laquelle elle devait me nettoyer.

J'ai acquiescé, relativement de bonne grâce.

Il faudra que je me souvienne de ne plus jamais tomber au fond d'une poubelle.

— Ce sera agréable de t'avoir ici avec moi, a dit Anya tout en me frottant avec son éponge. Je me sens seule depuis la mort de Millie. Tu sais, c'était la seule qui m'écoutait vraiment. Je n'ai pas beaucoup d'autres amis à l'école. En fait, je n'en ai pas du tout.

Elle a soupiré, et j'ai cogné ma tête (maintenant propre) contre sa main pour lui réchauffer le cœur. Je savais ce que c'était que d'être seule, maintenant. Et même si j'avais pu penser que ça pouvait être une bonne chose – surtout si ça permettait de ne pas avoir à partager mes maîtres et mes crevettes avec Gobi –, je savais maintenant combien cela pouvait être difficile.

Maman et papa me manquaient tous les jours – même quand j'étais avec Jennifer, en train de vivre des aventures. J'avais pensé que la douleur disparaîtrait, mais il semblait qu'elle ne faisait que grossir avec le temps.

— J'avais une amie, elle continuait à mouiller, savonner, rincer et peigner ma fourrure, Ma meilleure amie, Dawn. On était amies depuis le début de l'école. Nous faisions tout ensemble – nous étions dans la même classe, les mêmes clubs, nous aimions les mêmes choses. Je n'avais pas besoin d'autres amis tant que j'avais Dawn. Mais le père de Dawn a eu ce travail à des centaines de kilomètres d'ici, dans une autre ville, alors ils ont déménagé. Il n'y avait que moi et Millie, après ça. Et maintenant, il n'y a plus que moi.

Elle avait l'air si seule.

Comment Gobi s'en était-elle sortie, tout ce temps où elle avait été perdue par Dion, en Chine ? Après ça, elle avait toujours voulu rester avec quelqu'un – se pelotonner avec papa ou maman sur le canapé, ou se faufiler sous mon coussin le soir. Elle était toujours prête à accompagner n'importe qui n'importe où, comme si elle ne voulait plus jamais qu'on la laisse seule.

J'aimais être seule parfois, mais j'étais heureuse, je l'avoue, quand maman et papa rentraient à la maison.

Mon esprit a dérivé vers Gobi, et la Chine, et je me suis demandé comment ma famille s'en sortait sans moi. Gobi se sentait-elle seule, sans moi ? Avait-elle peur de ce retour en Chine ? Est-ce que je lui manquais, comme son chat et sa meilleure amie manquaient à Anya ?

J'ai secoué la tête. J'étais trop occupée par mon aventure du moment pour avoir ces pensées maintenant.

J'ai donc tourné mon attention vers Anya, qui soupirait, et j'ai attrapé le peigne.

— Alors oui. Il n'y a plus que moi, a-t-elle dit. Et l'école… ce n'est pas mon endroit préféré, tu sais. J'ai toujours peur des lundis – demain, c'est lundi, je te le dis parce que je ne sais pas si vous tenez compte des jours de la semaine, vous, les chats. Nous ne le faisions pas, en effet. L'information était donc utile. Les autres enfants à l'école… quand Dawn était là, nous prenions soin l'une de l'autre. Mais maintenant, je suis toute seule, et ils pensent que je suis une cible facile. Les autres filles disent que je ne peux pas faire partie de leur groupe, parce que je n'aime pas les mêmes choses qu'elles. Parce que je préfère être dans une cabane dans un arbre plutôt qu'acheter des vêtements ou autre chose.

C'était le genre de choses que les chats de gouttière m'avaient dites. Que je ne m'intégrais pas, parce que je faisais princesse. Apparemment, ma nouvelle amie avait les mêmes problèmes à l'école.

Mais qui pouvait vouloir des vêtements plutôt que des cabanes dans les arbres ? Les cabanes dans les arbres avaient des coussins, de la nourriture et des endroits pour se lover et faire la sieste. Les vêtements – de la seule expérience que j'en avais, un genre de manteau pour chat que maman avait voulu me mettre pour aller dans la neige – écrasaient seulement votre fourrure et frottaient désagréablement. Les cabanes dans les arbres étaient *nettement préférables*. Anya était donc tout à fait sensée, quoi qu'en disent les autres filles.

J'ai posé ma tête contre la jambe d'Anya en signe de solidarité. Les chats et les gens pouvaient très bien s'entendre, après tout.

Ceux qui n'y arrivaient pas ne savaient pas y faire, ce n'était pas plus compliqué que ça. J'aimais Anya plus que tout autre humain rencontré depuis longtemps. Enfin, au moins depuis Jennifer.

J'ai alors pensé à Jennifer, pour la première fois depuis ma fuite. Même si je n'étais pas certaine de la façon dont ma famille s'en sortait en mon absence, je pouvais deviner la réaction de Jennifer après ma disparition.

Elle pensait que j'avais été envoyée à elle pour l'aider. Le fait que je sois repartie n'avait pas dû cadrer avec sa quête du bon endroit où mettre les cendres de Jeremy.

Cette pensée me mettait mal à l'aise. Je ne voulais pas qu'elle soit triste, mais rester avec elle m'empêchait de vivre l'aventure dont j'avais besoin. Est-ce que cela faisait de moi un mauvais chat, de m'être enfuie, après tout ce qu'elle avait fait pour moi ?

Non, ai-je finalement conclu. Un chat devait d'abord s'occuper de lui-même.

J'ai seulement regretté – et ce n'était pas la première fois – de ne pas avoir pu lui parler plus clairement. J'aurais alors pu lui expliquer pourquoi je partais – je lui aurais peut-être même promis de revenir la voir un jour. En l'état actuel des choses, elle ne saurait probablement jamais ce qui m'était arrivé.

Elle supposerait sans doute seulement que les mêmes forces qui m'avaient amenée à elle m'avaient à nouveau emportée, pour aider un autre humain dans la tourmente, peut-être. Après tout, j'avais fait de mon mieux pour l'aider, non ? J'avais fait la majeure partie du voyage avec elle. Ce n'était pas de ma faute si les auras et autres vibrations ne lui parlaient pas comme elle l'espérait.

Jennifer irait bien, me suis-je rassurée. Tout comme Gobi et Cleo, et maman et papa eux aussi.

Tous vivaient leurs propres aventures, et je vivais la mienne. C'était tout ce qu'il y avait à dire.

Cette nuit-là, j'ai dormi seule dans la cabane d'Anya, enveloppée dans une couverture qu'elle m'avait apportée, accompagnée de nourriture (moins bonne, mais pas mauvaise non plus), me sentant au chaud et en sécurité. Ce n'était peut-être pas *exactement* ce que j'avais imaginé quand j'avais pu penser à l'aventure. Mais ici, à l'autre bout du monde, séparée de ma famille, soignée par des gens qui ne connaissaient même pas mon nom… je ne me souvenais en vérité même plus de mon idée de départ, concernant l'aventure. Chez moi, à Édimbourg, je n'avais pensé qu'à passer de l'autre côté de ces fenêtres. Voir le monde réel. Prouver que je pouvais faire tout ce que Gobi pouvait faire.

C'est ce que j'avais fait. Je m'étais échappée, je m'étais infiltrée dans un avion, j'avais même changé de nom. J'avais découvert tout un monde dont j'ignorais jusque-là l'existence, à part à travers une carte sur un mur et quelques épingles argentées.

Mais maintenant que j'étais ici, j'avais le sentiment d'en avoir encore beaucoup à apprendre avant que mon aventure soit terminée.

Mais j'avais déjà découvert de nouveaux endroits. J'étais partie seule en exploration, sans harnais. Et j'avais rencontré de nouvelles personnes.

Comme Anya.

C'était une fille très gentille, ai-je décidé en me souvenant de la douceur avec laquelle elle m'avait lavée et peignée, en faisant attention à mes égratignures et à mes blessures. Elle ne méritait pas d'être aussi triste qu'elle l'était, sans son amie et sans son chat.

Elle m'avait sauvée – des chats de gouttière, du commerçant, de la faim, de la solitude, sans parler de cette odeur de poubelle qui menaçait de me coller à la peau pour le restant de mes jours. Je pouvais peut-être la sauver elle, en retour. Ou au moins, l'aider.

Elle pleurait son chat perdu, bien sûr. Et même si je ne pouvais pas prendre la place de Millie, ou rester avec elle pour devenir son nouvel animal de compagnie, je pouvais peut-être aider à faciliter cette transition. Rester avec elle jusqu'à ce qu'elle soit prête à aller de l'avant – comme Cleo l'avait fait pour Jennifer après la mort de son mari. C'était assez facile, et cela voulait aussi dire pour moi de la nourriture et un abri réguliers. Tout le monde en ressortait gagnant.

Quant à la meilleure amie qui avait déménagé… peut-être qu'Anya avait besoin de trouver une nouvelle meilleure amie. Quelqu'un d'autre avec qui partager sa cabane et ses soucis.

C'était peut-être quelque chose que je pouvais faire pour elle, avant de repartir.

Je ne savais pas encore bien comment. Mais j'étais sûre que je trouverais.

Je veux dire, j'étais un chat de génie, ce n'était plus à prouver. J'avais fait tout le chemin jusqu'en Australie toute seule. (D'accord, avec un peu d'aide quand même, si on veut être tatillon.) J'étais sûrement capable de trouver une nouvelle amie à une petite fille, non ?

Il ne me restait plus qu'à attendre que l'inspiration frappe. Et à profiter de la nourriture et des coussins le temps qu'elle se manifeste.

Rassurée par ces pensées, j'ai baissé la tête sur le côté, j'ai enveloppé ma queue duveteuse sur moi, et je me suis endormie.

10

Le lendemain était un lundi, comme Anya me l'avait expliqué – ce qui signifiait qu'elle devait aller à l'école. Elle me l'a annoncé en grimpant dans l'arbre pour m'apporter mon petit déjeuner, avec une jupe écossaise et un chemisier blanc qui n'auraient pas été déplacés chez moi, à Édimbourg. J'avais déjà vu beaucoup d'écoliers passer devant ma fenêtre en portant ce genre de vêtements.

— Mais tu peux m'attendre ici, a-t-elle dit alors que je polissais déjà le bol qu'elle m'avait rempli. Je reviendrai cet après-midi.

Hmm. Attendre ici n'avait pas l'air d'une aventure – en fait, c'était comme être de nouveau à la maison, à regarder par la fenêtre en attendant le retour de mes maîtres. De plus, être assise dans la cabane d'Anya ne m'inspirerait en rien pour lui trouver un nouvel ami, n'est-ce pas ? Si ça avait été le cas, son problème serait déjà résolu.

Non. Si je voulais aider Anya, il fallait que je la suive. Partout. C'était la seule possibilité.

Je me suis arrêtée un moment après avoir pensé tout cela. Combien j'avais changé en quelques semaines depuis mon départ d'Édimbourg ! Avant, j'aurais *toujours* choisi de rester à la maison et d'attendre qu'Anya revienne, pour l'écouter me raconter sa journée.

Mais ce n'était plus suffisant aujourd'hui.

Je n'étais plus cette Lara-là.

Je me demandais comment Gobi trouverait ce nouveau moi.

Quand Anya a voulu redescendre de l'arbre, je l'ai accompagnée. Elle avait une échelle, faite de corde et de bois, qu'elle avait l'habitude d'utiliser pour entrer et sortir de la cabane. Les barreaux étaient beaucoup trop éloignés pour que je puisse les utiliser, même si je m'étirais à fond. Peut-être qu'avec une grande pratique de l'escalade… mais je n'avais pas beaucoup d'expérience, et je ne voulais *vraiment pas* tomber la tête la première d'un arbre. Rien qu'en regardant l'échelle, je me rappelais mes premières tentatives pour sortir par la fenêtre de Kitty. Et ce n'était pas aussi haut que cet arbre.

Alors, au lieu d'essayer de descendre, j'ai attendu dans l'embrasure de la porte et j'ai miaulé très fort jusqu'à ce qu'Anya comprenne.

Elle s'est arrêtée, à mi-chemin de l'échelle, et m'a regardée de ses yeux noisette. Puis elle a souri.

— Tu veux venir avec moi ? J'ai acquiescé. Je ne suis peut-être pas capable de parler aux humains, mais il me semble que le message était clair.

Anya semblait encore incertaine, alors j'ai fait un pas, avançant ma patte vers le premier échelon. Je n'allais pas *vraiment* essayer de descendre, mais ça, elle ne le savait pas.

Paniquée, elle m'a tendu les bras et m'a attrapée des deux mains, se stabilisant sur l'échelle avec ses genoux et son corps.

— D'accord, d'accord, tu peux descendre. Mais je ne serai pas là pour t'aider si tu as froid ou si tu t'ennuies. Et tu ne peux *vraiment pas* venir à l'école avec moi.

Ce qui montre à quel point elle me connaissait mal. J'ai peut-être passé la majeure partie de ma vie dans une maison, derrière des fenêtres, mais depuis que je suis sortie, je me suis rattrapée. Et si j'avais pu arriver jusqu'en Australie, une simple *école* n'allait pas m'arrêter.

*

En vérité, l'école en question s'est avérée très capable de me tenir à l'écart.

J'ai suivi Anya dans la rue, puis nous en avons emprunté d'autres, pour finalement atteindre les portes de l'école. J'ai été très attentive à l'itinéraire que nous avons pris, tâchant de me souvenir des arbres et des maisons que nous passions sur le trajet, pour pouvoir retrouver mon chemin. Je ne connaissais pas encore le quartier, et après ma rencontre avec les chats de l'allée, je voulais m'assurer de pouvoir retourner vers la cabane d'Anya, quelle que soit la distance parcourue.

Mais j'espérais quand même pouvoir rester avec Anya.

L'école était un grand bâtiment bas avec de très nombreux enfants à l'intérieur, debout en groupe ou courant sur une grande surface de béton à la poursuite d'un ballon. Je pouvais faire cela, *moi aussi*. Je pourrais sans doute avoir ma place dans cette école.

Certes, ses portes étaient plutôt grandes et imposantes, mais j'étais sûre de pouvoir les franchir avec Anya. Cependant, il y avait une chose que je n'avais pas prévue. Deux, pour être exacte.

L'une d'elles était le gardien. L'autre était son chien.

Dès que j'ai mis une patte à l'intérieur de l'école, ils me sont tous les deux tombés dessus, m'aboyant dessus chacun à sa façon.

— Les animaux ne sont pas admis, vous le savez, a dit le gardien, la voix et dure et stridente.

Anya a haussé les épaules.

— Elle n'est pas à moi. Je ne peux pas l'empêcher de me suivre. Elle m'a regardée en s'excusant. J'ai compris tout de suite. Et de toute façon, je ne voulais pas qu'elle ait d'autres ennuis.

— Eh bien, Brutus le peut, lui, a répondu le gardien.

Le chien s'appelait Brutus, *évidemment*.

Quelques aboiements frénétiques, et j'ai reculé, me plaçant à l'extérieur de la clôture.

Anya a soupiré, et s'est accroupie à côté de moi.

— Je suis vraiment désolée, Puss. Je t'ai dit que tu n'aurais pas le droit d'aller à l'école avec moi.

— Elle parle vraiment à ce *chat* ? Une voix sifflante nous est parvenue depuis l'autre côté de la grille. Elle manque d'amis à ce point ?

Anya et moi avons regardé dans la direction d'où elle provenait. Près des portes se tenait une bande de cinq filles, toutes dans le même uniforme qu'Anya – bien que leurs jupes aient semblé plus courtes. Anya a froncé les sourcils, mais elle n'avait pas l'air en colère. Elle avait l'air nerveuse et triste.

— J'ai vraiment de la peine pour ce chat, en fait, a dit une autre des filles, ce qui les a toutes fait rire.

Le regard d'Anya est revenu vers moi.

— Je te verrai plus tard, Puss, a-t-elle dit doucement avant de se lever. Des larmes naissaient dans ses yeux.

Je ne pouvais pas la laisser entrer à l'école comme ça, surtout avec ces filles qui la regardaient. Rapidement, je me suis faufilée entre ses jambes, et je me suis frottée contre elle, tout en m'assurant d'être suffisamment collante pour l'empêcher d'avancer d'un pas.

Anya s'est mise à rire, d'un petit rire incertain.

— Puss ! Je dois aller à l'école maintenant.

Pas si je m'en mêlais. Je n'aimais pas l'idée qu'elle passe la journée loin de moi – d'autant moins que je savais maintenant à quel point c'était difficile pour elle.

Ces filles étaient méchantes pour la seule raison qu'elles étaient en position de l'être. Anya ne leur avait rien fait, ne leur avait rien dit, ne les avait même pas *regardées* avant qu'elles ne commencent à s'en prendre à elle. Mais parce qu'elle était seule, elles la voyaient faible et profitaient de leur supériorité – comme ça avait été le cas pour les chats de gouttière.

Elle n'était pas seule, et j'allais le leur montrer.

— Puss, j'ai vraiment besoin d'y aller, a dit Anya toujours à voix basse. En jetant un coup d'œil de l'autre côté, j'ai pu voir que la bande de filles la regardait encore, et qu'elles riaient entre deux chuchotements. Elles se moquaient d'elle. À cause de moi.

Je n'aidais pas du tout.

J'ai arrêté de bouger et j'ai laissé Anya passer. Je ne voulais pas faire empirer les choses. Mais comment étais-je censée la soutenir et m'occuper d'elle si je ne pouvais pas la suivre ?

J'ai regardé Anya s'éloigner, impuissante, vers une cour de récréation remplie de filles méchantes et de brutes, avec seulement un dernier regard rapide par-dessus son épaule. En un rien de temps, elle avait disparu dans la foule, les filles de la porte la suivant, gloussant et murmurant encore. Anya était à nouveau seule, et je ne pouvais rien faire pour l'aider. À quoi est-ce que je servais, ici ?

Plus précisément, qu'est-ce que j'allais faire toute la journée sans elle, et sans personne pour me nourrir ? Elle avait raison – je ne pouvais pas monter seule à la cabane, et je ne pouvais pas ouvrir seule le sachet de nourriture, de toute façon.

(Sérieusement, quand vont-ils inventer des sachets de nourriture pour chat qui peuvent être ouverts par des pattes ? Ils seraient parfaits pour des urgences comme celles-ci.)

En m'éloignant un peu – en tout cas hors de portée de Brutus, le chien du gardien –, je me suis assise dans une parcelle d'herbe, près de la haie, et j'ai réfléchi. Et maintenant ?

Qu'est-ce que j'étais censée faire, maintenant ? Que ferait Gobi, ou Cleo, ou papa, à ma place ?

Que *pouvais*-je faire ?

J'étais tellement occupée à me demander comment je pouvais aider Anya, et si je pouvais passer à travers les barreaux de la clôture (mes moustaches me disaient que non, mais je ne les avais jamais vraiment mises à l'épreuve auparavant. *Peut-être* que ça pouvait marcher… ou peut-être que je pouvais rester coincée là et que le concierge et Brutus seraient obligés de me délivrer, et resteraient là, à rire sans rien faire, probablement avec les méchantes filles du portail… je ne devais sans doute pas prendre le risque), que je n'ai pas remarqué que Brutus s'était approché. Du moins, jusqu'à ce que j'entende l'aboiement du gardien : « Aucun animal n'est permis ! » depuis l'autre côté du chemin, derrière les grilles.

Cette fois, les coupables étaient un petit garçon et son chien, encore plus petit que lui. Le garçon avait l'air nerveux, et le chien absolument terrifié – mais c'était probablement à cause de Brutus. Avec ses mâchoires énormes et ses yeux noirs, il avait semble-t-il été conçu pour inspirer la terreur. Heureusement, il semblait aussi bête que ses pieds, si on en jugeait par les demi-phrases qu'il m'avait aboyées.

Malgré la peur qu'elle devait avoir, la petite chienne se tenait fermement entre son maître et Brutus, indiquant clairement au plus grand chien qu'il devrait lui passer sur le corps pour atteindre le garçon. Il fallait un sacré courage, et je n'ai pas pu m'empêcher d'être impressionnée.

— Je… Je ne l'amène pas, a bégayé le garçon, regardant le concierge avec des yeux écarquillés. Il était un peu plus petit qu'Anya, mais il avait à peu près le même âge, à mon avis. Toujours difficile d'être sûr avec les humains. Ma mère gare la voiture. Elle va venir le chercher. Je voulais juste… Petra voulait venir voir l'école avec moi.

Petra. C'était un bon nom de chien. Bien mieux que Brutus. Comme *Gobi*, d'ailleurs.

Je me suis faufilée en direction de Petra. Elle était minuscule, pas beaucoup plus grande que moi, blanche et duveteuse. À peu près aussi loin du style de chien de Brutus qu'il était possible de l'être. Je n'aimais pas beaucoup les chiens, de manière générale (en dehors des humains, qui les aimait vraiment ?), mais regarder Petra se tenir debout entre Brutus et le garçon m'avait donné une idée.

Ce que nous avions ici, c'était un chien qui aimait son maître. Un chien qui savait que les animaux *comptaient* pour les humains. Ils pouvaient les aider, les aimer. Une chose que ces filles à la porte n'avaient certainement pas comprise. Et soudain, j'ai réalisé que c'était exactement ce dont avait besoin Anya.

Chaque fois que papa racontait comment il avait rencontré Gobi, dans le désert, alors qu'il effectuait une de ses courses (des ultra-marathons apparemment, et quoi que ce soit, ça avait l'air épuisant), il disait toujours que quand ça devenait difficile de tenir, avoir Gobi à ses côtés l'avait aidé.

Tout ce que Gobi avait à faire, c'était être là, et courir avec lui. Et soyons réalistes, si *Gobi* pouvait le faire, je pouvais certainement le faire aussi. C'est seulement que je n'avais jamais eu besoin de le faire. Ou bien que je n'en avais jamais eu envie.

Maintenant, j'allais le faire. Pour Anya.

Je voulais l'aider.

J'avais juste besoin d'un peu de conseils et d'aide pour savoir comment.

Quelque part, une sonnerie a retenti. Semblant réticent, le garçon a attaché la laisse de Petra à la balustrade, à côté de la porte, puis s'est agenouillé à côté d'elle pour lui dire au revoir. Je me suis faufilée plus près pour écouter, en m'assurant que Brutus ne puisse pas m'apercevoir.

— Maman va arriver d'une minute à l'autre, a chuchoté le petit maître en passant sa main entre les oreilles de Petra. Il faut que tu l'attendes ici. Moi, je dois entrer… là-dedans, maintenant. Il a regardé nerveusement en direction de l'école, et j'ai vu les oreilles de Petra s'aplatir. Elle n'aimait pas plus que lui l'idée qu'il y aille. Ça va aller, a-t-il dit, sans en être apparemment convaincu. On se retrouve plus tard. Petra a mis une patte sur sa jambe, essayant de le garder avec elle comme j'avais essayé de le faire avec Anya. Je pouvais aussi voir des larmes dans les yeux de ce garçon. Lui aussi avait l'air malheureux à l'idée d'un autre jour d'école.

D'après ce que j'avais pu en voir, je ne lui donnais pas tort. Mais si mon idée marchait, peut-être que Petra et moi pourrions rendre l'école moins horrible pour eux deux.

Avec une dernière caresse et un petit gémissement de Petra, le garçon est parti en courant en direction de l'école, alors que la sonnerie retentissait une fois de plus, ajoutant sans doute encore au caractère urgent de la situation.

Le gardien a claqué les portes derrière lui, semblant vaguement déçu de ne pas avoir réussi à enfermer le garçon à l'extérieur. Brutus a émis un dernier aboiement pour faire bonne mesure, puis ils sont rentrés eux aussi.

Petra s'est couchée sur le sol, la tête posée sur ses pattes et la queue totalement immobile, attendant que la mère du garçon vienne la chercher.

Abandonnant ma cachette, je me suis approchée. La chienne était tellement occupée à regarder dans la direction où le garçon avait disparu qu'elle ne m'a pas remarquée avant que je parle.

— Il n'a pas l'air d'avoir envie d'aller à l'école, aujourd'hui, ai-je observé, et Petra a sursauté.

Elle s'est retournée pour me regarder, puis s'est détendue, décidant que je n'étais pas une menace. (Les chiens pensent toujours que les chats ne sont pas une menace, en général parce qu'ils sont plus petits qu'eux. Ce qu'ils ne prennent pas en compte, bien sûr, ce sont nos esprits de toute évidence supérieurs. Ce qui nous manque en force, nous le compensons en intelligence et en ruse. Et en griffes et en hurlements, si on doit en arriver là. En outre, pour être honnête, Petra n'était pas beaucoup plus grande que moi.)

— Qu'est-ce que ça peut te faire, à toi ? a demandé Petra, suspicieuse.

J'ai haussé les épaules en marchant autour d'elle.

— Rien, vraiment rien. Mais mon amie n'était pas impatiente d'y aller non plus, ce matin. J'ai pensé que ça pouvait être contagieux.

— Oh. C'est juste que ce n'est que la deuxième semaine de Harry, ici, a expliqué Petra. Il n'a pas encore l'habitude.

— Nouvelle école, hein ? J'ai pensé à la meilleure amie d'Anya, qui avait déménagé dans une nouvelle école. J'ai entendu dire que ça arrive pas mal, dans le coin.

Petra m'a jeté un drôle de regard, mais maintenant qu'elle avait commencé à parler, elle ne semblait pas vouloir s'arrêter.

— On vient d'emménager en ville à cause du travail de son père. Nous avons dû tout laisser derrière nous. Notre maison, notre jardin, tous les amis de Harry.

J'ai grimacé. Le pauvre Harry vivait des événements pires qu'Anya, d'une certaine façon. Mais au moins, il avait Petra.

— Ça a l'air dur.

— Ça l'a été. C'est une phase d'observation, je suppose. Tu sais, apprendre les nouvelles odeurs et les nouveaux sons, faire de nouvelles promenades, ce genre de choses.

— Oui. Dans un sens, je comprenais. Mais d'un autre côté, je n'avais jamais eu à déménager auparavant. En fait, je n'avais jamais vraiment quitté Édimbourg plus de quelques jours avant ce voyage.

— Mais tu n'as pas l'air d'être d'ici non plus, a commenté Petra, semblant soudain méfiante. Je suppose que mon accent m'avait trahie. Petra ressemblait plus aux chats de gouttière que n'importe quel autre animal de chez moi, aussi, j'ai pensé qu'elle et Harry avaient déménagé d'une autre partie de l'Australie, plutôt que de l'autre côté du monde comme moi.

— Je ne fais que passer, ai-je répondu, comme si j'allais tout le temps dans de nouveaux pays étrangers, juste pour m'amuser. Expliquer exactement ce que je faisais en Australie prendrait beaucoup trop de temps, et j'avais maintenant *deux* enfants à aider. Heureusement, je pensais pouvoir les aider tous les deux en même temps. Enfin, si mon nouveau plan fonctionnait.

— Alors, Harry n'aime pas l'école ?

— Ce n'est pas l'école en elle-même, a dit Petra en soupirant. Il ne s'est pas encore fait de nouveaux amis, alors il se sent seul quand je ne suis pas avec lui.

Tout comme Anya. Deux enfants sans amis.

J'avais trouvé, j'allais enfin pouvoir les aider.

J'ai fait mon plus grand sourire à Petra.

— Et si je te disais que je peux vous aider, toi et Harry, à vous sentir mieux ici ?

Les yeux de Petra se sont rétrécis.

— J'aimerais d'abord savoir comment tu penses pouvoir faire ça. Il n'a pas besoin d'un autre animal. Il m'a déjà, moi.

— Je n'oserais pas te marcher sur les pattes, ai-je promis.

— Eh bien, dans ce cas… Petra avait l'air incertaine, mais elle a fait un petit signe de tête. Continue. Quelle est ta grande idée ?

— Crois-tu que Harry aimerait se faire une nouvelle amie qui a une cabane dans un arbre ?

11

La mère de Harry est venue et a récupéré Petra quelques minutes plus tard, bouleversée de ne pas avoir pu voir son fils avant qu'il aille à l'école. J'ai deviné que le déménagement avait été difficile pour toute la famille et qu'ils étaient encore en train de s'adapter.

J'étais aussi presque sûre que si Harry se faisait ne serait-ce qu'*un* ami – de préférence Anya –, la vie de chacun deviendrait un peu plus facile et plus heureuse.

J'avais déjà vu comment le bonheur – ou le malheur – pouvait se répandre dans toute une famille. Il n'y avait qu'à voir la maison de Kitty, où la nature aigre de son mari semblait avoir infecté tout le monde. (Sauf Jennifer, bien sûr. Je n'étais pas sûre qu'il y ait quoi que ce soit au monde qui puisse démoraliser Jennifer, à part peut-être le fait de voler de manière ininterrompue. C'était une âme éternellement heureuse, toujours sûre que les choses s'arrangeraient, même en l'absence de toute preuve concrète en ce sens).

Même dans ma propre maison, quand Gobi avait disparu et que papa était si triste, ça nous avait tous rendus malheureux pendant un moment. Ensuite, sa détermination à la retrouver était devenue contagieuse, et nous en avions tous été électrisés. Lorsqu'il était enfin rentré à la maison après des mois passés à Pékin, son bonheur – et celui de

Gobi d'ailleurs – avait tout de suite été communicatif. Nous avions tous souri pendant des jours.

Jusqu'à ce que Gobi commence à voler mes crevettes, et l'attention de papa et maman, bien sûr.

Quoi qu'il en soit, si je pouvais aider Harry à devenir heureux, il s'ensuivrait que le reste de la famille serait plus heureux aussi. Et si ses parents étaient heureux, Harry serait encore plus heureux. Comme l'un de ces jouets où il y a une balle à l'intérieur d'une balle, et où les deux balles avancent, mais pas en même temps, si bien que vous ne pouvez pas dire laquelle fait bouger l'autre. C'est juste un mouvement constant. Pour la famille de Harry, son bonheur causerait plus de bonheur, lequel causerait encore plus de bonheur. Imparable.

Et en rendant Harry heureux, je pouvais aussi rendre Anya heureuse – ce qui restait mon objectif principal. Et son bonheur se transmettrait à Harry, produisant plus de bonheur, et ainsi de suite.

(Du moins, c'était la théorie. Je vais être honnête, je n'avais pas beaucoup d'expérience dans ce domaine, et il était tout à fait possible que je puisse avoir été contaminé par l'optimisme infaillible de Jennifer. Mais je devais essayer quelque chose. Pourquoi pas ça ?)

Nous n'avions peut-être eu que quelques minutes, mais c'était suffisant pour que Petra et moi puissions trouver les bases d'un plan. Le lendemain matin, quand les enfants iraient à l'école, je m'assurerais de suivre Anya à nouveau et de retarder son entrée, pour attendre que Harry arrive. Ensuite, nous les guiderions pour qu'ils se rencontrent. Ils avaient tous les deux des animaux de compagnie, donc c'était déjà un point commun. Et aucun d'eux n'avait d'amis, alors c'était une autre chose dont ils pouvaient parler.

Et une fois qu'ils commenceraient à parler, et qu'Anya lui dirait pour sa cabane dans l'arbre, ils deviendraient les meilleurs amis du monde. Facile. Qui pourrait résister à une cabane dans un arbre ?

Je ronronnais aux côtés d'Anya pendant qu'elle me nourrissait et me caressait dans la cabane, après l'école.

— Tu as dû passer une bonne journée, Puss, a-t-elle dit en versant la nourriture dans mon bol. Ou du moins, sûrement meilleure que la mienne.

Elle a fait une grimace et j'ai pris le temps de laisser mon dîner pour appuyer ma tête contre sa main en signe de sympathie. Je ne pouvais pas lui dire qu'elle n'avait plus à s'inquiéter de l'école ou de ne plus avoir d'amis. Qu'elle n'avait plus qu'à attendre jusqu'à demain, quand mon plan prendrait effet.

Anya ne le savait pas encore, mais tout allait s'arranger à la perfection.

Ou du moins si je *pouvais* avoir le contrôle. Le fait de ne pas pouvoir parler aux humains imposait de sérieuses limites.

Anya et Harry ne comprenaient pas le plan. Ou bien ils étaient délibérément difficiles.

Ma partie du plan s'est parfaitement déroulée. J'ai miaulé pour être descendue de la cabane, jusqu'à ce qu'Anya cède, puis j'ai trotté à ses côtés jusqu'à l'école. L'itinéraire devenait déjà familier, et j'ai même apprécié la promenade matinale. En fait, je sautillais d'excitation à la pensée de qui allait se passer ensuite.

Quand nous sommes arrivées à l'école, il n'y avait encore aucun signe de Harry et de Petra, alors j'ai supplié pour qu'Anya me donne le plus d'attention possible, jusqu'à ce que la sonnerie se déclenche à nouveau. Tout pour la distraire jusqu'à son arrivée.

— Il faut que j'y aille, maintenant, Puss, a-t-elle dit, en riant encore une fois et en me caressant de la main. La première sonnerie est déjà passée !

J'ai entendu un aboiement et j'ai su que Petra et Harry arrivaient. Parfait.

M'assurant qu'Anya me regardait, je me suis dirigée vers Petra, qui est venue à ma rencontre en courant. Toujours trop enthousiastes, les chiens. C'est tout leur problème.

— Petra ! Harry l'a appelée nerveusement, essayant de l'éloigner de moi.

J'ai mimé un coup de patte sur le museau de Petra, et elle a rebondi d'excitation.

— Jouent-ils ou se battent-ils ? a demandé Anya en nous regardant.

— Je ne suis pas sûr..., a admis Harry. Mais je dois attacher Petra avant d'aller à l'école. Ma mère essaie encore de garer la voiture, et Petra ne voulait pas rester avec elle.

— C'est pour ça que je vais à l'école à pied, a dit Anya. Maman dit toujours que ça nous prendrait plus de temps de nous garer avant, et qu'il vaut mieux qu'elle me dépose.

Très bien ! Ils parlaient ensemble. Ensuite, Harry pourrait lui demander où elle habitait. Si c'était près de chez lui, ils pourraient peut-être rentrer de l'école ensemble...

Mais la deuxième sonnerie a retenti, coupant court à leur conversation. Petra et moi avons été tellement occupés à les écouter parler que nous avons oublié nos rôles, et avant qu'on ait pu s'en rendre compte, Harry attachait déjà Petra à la clôture.

— Au revoir, a dit Anya, en courant vers les portes.

— Au revoir, Petra. À plus tard, a-t-il répondu en marchant plus lentement qu'elle.

Petra et moi les avons regardés partir.

— Eh bien, on ne peut pas dire que c'était une réussite, ai-je constaté. Mais Petra a secoué la tête.

— C'était un début. Nous avons juste besoin de les pousser vers la prochaine étape, maintenant.

— Une idée de comment on procède, exactement ? ai-je demandé, un peu sarcastique.

— Ton amie dit qu'elle va à l'école à pied, pas vrai ? Parce que ce n'est pas très loin ? m'a demandé Petra.

J'ai hoché la tête.

— C'est à seulement quelques rues d'ici.

— Hmm. Nous sommes encore plus près que ça, à ce qu'il me semble, a dit Petra.

— Pourquoi n'allez-vous pas à l'école à pied, si vous êtes si près ?

— La mère de Harry doit partir au travail d'ici. Elle travaille à temps partiel dans une association caritative pour les animaux, et elle a le droit de m'emmener, mais c'est un peu loin. Je crois qu'elle s'est dit qu'il valait mieux un trajet en voiture jusqu'à l'école, et de là partir au travail, plutôt que faire l'aller-retour à l'école à pied avant de reprendre la voiture.

— Ça ne nous arrange pas. Peut-être que vous pourriez tous y aller à pied, surtout sur le chemin du retour ? Une idée me venait déjà à l'esprit. Mais il fallait que je sois là pour m'assurer que tout se passe bien. Pas comme devant l'école, où je n'avais eu aucun moyen d'intervenir.

En fait, mon nouveau plan était encore meilleur que l'ancien !

Petra s'est fourré la tête entre les pattes.

— Comment ferai-je pour que la mère de Harry accepte d'y aller à pied ?

Les chiens… Il fallait vraiment tout faire à leur place.

— Je ne sais pas ! Prends ta laisse au moment où il sera l'heure de partir, fais des petits signes de patte.

— Ça pourrait marcher, a dit Petra, pleine de doute. Mais pourquoi veux-tu qu'on y aille à pied ?

— Parce que de cette façon, vous devrez attendre ici que Harry sorte, au lieu de rester dans la voiture.

— Et après ? Que se passera-t-il ? Tu as vu ce qui s'est passé ce matin – ils n'ont échangé que quelques mots et ils sont partis tout de suite après. Qu'est-ce que ça peut faire qu'on soit tous là s'ils ne se parlent pas ?

J'ai ronronné avec satisfaction en pensant à mon idée.

— Fais-moi confiance. Mon plan fera le reste.

— Explique-toi.

J'ai réussi à lui chuchoter la plus grande partie du plan avant l'arrivée de la mère de Harry, qui avait l'air encore plus agacée que la veille.

— Voilà. Demain, tu resteras dans la voiture. Pas de pleurnicheries, ni de sauts, ni d'aboiements. Ou bien peut-être qu'on ira tous à pied. Ce sera peut-être plus facile comme ça, après tout. Je crois que je suis garée trop loin, aujourd'hui, de toute façon ! Elle a tiré sur la laisse de Petra. Allez, on y va, maintenant. Je vais être en retard au travail.

Je les ai regardées partir, prenant un moment pour apprécier mon plan. Vraiment, c'était un miracle que ces gens soient tombés sur moi.

*

J'attendais près des portes de l'école quand la sonnerie a retenti une fois de plus pour signaler la fin de la journée scolaire. En vérité, j'avais profité de mon temps libre pour explorer un peu, à la recherche de nourriture, mais j'avais passé la majeure partie de mon après-midi à me cacher du gardien et de Brutus, en attendant la sonnerie. (Les humains semblent vouloir transporter le temps partout avec eux à travers toutes ces horloges, ces montres, téléphones et autres. Nous, les animaux, nous ne comptons que sur notre estomac, et comme j'avais sauté le déjeuner, je prédisais l'heure du goûter avec un peu d'avance. Il est difficile de se fier à un ventre vide lorsqu'il s'agit de donner l'heure.)

J'ai vu Petra et la mère de Harry en premier, venant d'une direction différente de celle par laquelle elles étaient apparues ce matin. J'espérais que cela voulait dire qu'elles avaient marché jusqu'à l'école, et qu'elles n'habitaient vraiment pas très loin de la maison d'Anya.

J'espérais juste qu'Anya et Harry apparaîtraient aux portes à la même heure. Sinon, les choses pourraient s'avérer délicates.

Anya est arrivée la première, avec un sourire éclatant quand elle m'a aperçue. Je l'ai laissée me caresser quelques instants, tout en cherchant Harry du regard.

Petra l'a repéré la première et a aboyé pour donner le signal, comme prévu. J'ai sauté en l'entendant, surprenant Anya, qui a failli perdre l'équilibre. Je m'en suis voulu, mais je n'y pouvais rien. J'avais besoin d'être prête à agir dès que les circonstances le permettraient.

J'avais le sentiment qu'Anya et Harry pourraient d'abord ne pas apprécier mon plan. Mais c'était seulement que nous ne pouvions pas leur en expliquer tous les ressorts. En l'absence d'un langage commun, nous ne pouvions nous appuyer que sur des actions.

Et sur mes superbes compétences en matière de planification, bien sûr.

Nous avons attendu que Harry ait embrassé sa mère et pris la direction de Petra. Il avait l'air soulagé de ne plus être à l'école et s'est penché pour jouer avec Petra jusqu'à ce que sa mère commence à s'impatienter. Dès qu'il s'est relevé, Petra m'a fait signe, et j'ai commencé à courir.

— Puss ! m'a appelée Anya. Où tu vas ?

L'ignorant (ce n'était pas comme si je pouvais lui répondre, de toute façon), j'ai couru en direction de chez elle, jetant un coup d'œil par-dessus mon épaule pour m'assurer que le plan fonctionnait comme je l'avais prévu.

Petra a arraché sa laisse de la main de Harry et m'a pourchassée en aboyant. Harry et Anya ont poussé des cris, et je pouvais voir sur son visage que la mère de Harry grondait, même si je ne pouvais pas entendre les mots qui tordaient sa bouche. Cela n'avait pas d'importance, de toute façon. Les deux enfants couraient après Petra et moi maintenant – et c'était l'objectif. Tout se passait parfaitement !

J'étais contente d'avoir pris le temps de mémoriser notre itinéraire habituel entre la maison et l'école. Dans cette situation, je n'avais pas le temps de réfléchir. J'ai dû courir et faire confiance à Petra pour le reste. *Tout* dépendait du fait que Petra et moi atteignions la cabane dans l'arbre avant les enfants.

Petra s'est assurée de ne pas trop s'approcher jusqu'à ce que nous soyons presque arrivées chez Anya. Puis elle s'est rapprochée, juste au moment où je glissais au coin de la rue, en direction de l'arrière du jardin. Les enfants nous rattrapaient aussi maintenant, mais c'était une bonne chose. Nous y étions presque – et la mère de Harry était assez loin derrière pour pouvoir encore nous voir, quoiqu'il lui faille un peu de temps pour nous rattraper. Elle ne pouvait plus nous arrêter, maintenant.

Montant sur l'un des échelons inférieurs de l'échelle, à peine hors de portée de Petra, je me suis perchée tout en la regardant. Elle jouait encore son rôle, jappant bruyamment et rebondissant dans tous les sens en essayant de me rejoindre. En fait, elle avait peut-être même oublié le plan, et s'était laissée entraîner par la chasse. Ça ne m'aurait pas surprise d'un chien.

Ça ne faisait aucune différence, de toute façon. Le plan avait fonctionné.

À bout de souffle et haletants, Anya et Harry sont arrivés dans le jardin ensemble. Harry est allé directement à côté de Petra, saisissant sa laisse et l'enroulant autour de sa main pour la garder près de lui. Anya s'est précipitée à l'échelle de corde pour vérifier que j'allais bien. J'ai essayé d'avoir l'air traumatisée par l'expérience, masquant mon profond contentement à l'idée que le plan ait fonctionné.

— Je suis vraiment, vraiment désolé, dit Harry à Anya. Les yeux écarquillés, il n'arrêtait pas de se mordre la lèvre inférieure, comme s'il avait peur qu'Anya soit fâchée contre lui. Heureusement, je la connaissais mieux que ça. Petra ne court *jamais*, d'habitude. Je ne sais pas ce qui lui a pris. Peut-être qu'elle ne s'est toujours pas adaptée au déménagement. Une nouvelle ville qu'on ne connaît pas, et tout…

— Tu es nouveau à l'école, c'est ça ? a demandé Anya, appuyée contre l'arbre à côté de moi, et caressant lentement ma fourrure. Elle essayait probablement de me calmer. Un chat *ordinaire* aurait été terrifié après une telle poursuite.

Mais pas moi, en tout cas. J'étais juste excitée à l'idée qu'Anya se fasse un nouvel ami.

— Oui, a dit Harry d'un signe de tête. J'ai déménagé la semaine dernière.

— Comment trouves-tu le coin ?

Harry a fait une grimace et Anya a ri.

— Moi, c'est pareil, a-t-elle ajouté.

— Ce serait mieux si quelqu'un voulait avoir un ami, a dit Harry. Mais tout le monde a déjà des amis et des groupes, et il n'y a pas de place pour moi.

— Je sais ce que tu ressens, a répondu Anya. Ma meilleure amie a déménagé l'année dernière, alors maintenant, je suis toute seule. Enfin, à part Puss, bien sûr. Elle a tapoté ma fourrure, tandis qu'ils se regardaient attentivement. On était si près du but…

Puis l'attention de Harry a été détournée.

— Hé, c'est une cabane, dans l'arbre ?

Anya s'est illuminée.

— Ouaip ! Tu veux monter ?

— Et comment !

Quelques minutes plus tard, à l'arrivée de la mère de Harry, Anya et Harry étaient déjà les nouveaux meilleurs amis du monde et planifiaient une soirée pyjama dans la cabane dans l'arbre.

Que quelqu'un ose dire que je ne suis pas un *génie* parmi les chats.

Gobi

La campagne « Ramener Lara chez elle » avait développé une vie propre depuis notre retour de Chine. Nous étions les seules personnes au monde qui se souciaient de notre chat disparu – enfin, nous et Françoise, à l'aéroport – et, tout à coup, des gens envoyaient des photos de chats ragdoll du monde entier. Il y avait des ragdoll à Paris, ou plus loin en France, mais aussi en Angleterre, en Amérique, en Allemagne, en Inde, au Japon, en Russie, et même en Australie ! Mais aucune d'entre eux n'était Lara. Dion et moi – et parfois Lucja aussi – passions à la télévision et à la radio tous les deux ou trois jours pour parler de ma sœur disparue et de l'importance de la ramener à la maison. Dion a failli perdre sa voix à force de parler.

La plupart des gens que nous rencontrions nous soutenaient et voulaient désespérément nous aider, même si d'autres avaient pu laisser entendre que si perdre un animal était pardonnable, en perdre deux était tout simplement irresponsable.

J'ai résisté à l'envie de mordre ces gens, seulement parce que je savais que Dion et Lucja n'aimeraient pas ça.

Un jour, assise sur un autre de ces canapés de télévision (qui était beaucoup plus inconfortable que notre canapé à la maison, soit dit en passant), j'ai imaginé Lara quelque part, peut-être même assise sur un autre canapé, en train de me regarder à la télé. Avec qui était-elle ? Qui s'occupait d'elle ? Est-ce qu'elle regardait vraiment ?

Si c'était le cas, j'espérais qu'elle pourrait voir à quel point elle nous manquait à tous, et se rappeler qu'elle avait besoin de nous, et de sa maison.

Et j'espérais vraiment qu'elle trouverait un moyen de le faire.

Car même si Dion et Lucja travaillaient dur pour ramener Lara à la maison, j'avais réalisé quelque chose qu'ils n'avaient pas encore compris. Lara pouvait rentrer à la maison quand elle le voulait. Elle était intelligente, pleine de ressources et le monde entier la cherchait.

Si elle voulait revenir, elle n'avait qu'à trouver quelqu'un pour lire sa micropuce et l'identifier, et elle serait de retour parmi nous. Dans l'aéroport de Paris – ou n'importe quel aéroport, d'ailleurs – cela serait facile. En fait, il était beaucoup plus difficile de se cacher que de se laisser prendre.

Le fait qu'elle n'ait pas été retrouvée me disait qu'elle n'était pas encore prête à rentrer à la maison.

Je ne savais pas ce que ma sœur cherchait, dans ce vaste monde. Mais j'espérais vraiment qu'elle le trouverait bientôt. Elle me manquait.

La première lueur d'espoir que nous avions eue depuis des jours est arrivée très tard un samedi soir, alors que je dormais à côté de Lucja, qui regardait quelque chose à la télévision. C'était beaucoup plus facile de dormir au cours des programmes de télévision quand Lara ne commentait pas leur contenu. Pourtant, ses bavardages me manquaient.

— Lucja ! Lucja, nous avons un mail !

Je me suis réveillée en entendant Dion appeler sa femme. À côté de moi sur le canapé, Lucja m'a tapoté le côté pour me calmer, et je me suis retournée plusieurs fois pour me remettre à l'aise.

Mais je n'étais pas seulement en train de m'installer. J'écoutais, très attentivement.

— Un mail ? Dion, on en a des milliers par jour. En quoi celui-ci serait différent ? a-t-elle demandé.

Il a rebondi jusqu'au canapé, tenant la tablette pour qu'elle puisse lire par elle-même.

— La femme qui écrit dit qu'elle est passée par Paris – le même aéroport que nous, le même jour – et que dans son avion, il y avait un chat qui ressemblait à Lara. Le vol allait vers l'Australie !

Dion avait l'air plus excité que jamais. Lucja, cependant, n'était pas aussi enthousiaste que lui.

— Australie ? Dion, Jennifer allait en Australie. Comme il la regardait avec de grands yeux vides, elle a soupiré et lui a rappelé de qui elle voulait parler. Jennifer ? La femme qu'on a emmenée à l'aéroport ? La femme au chat ragdoll qui ressemblait à Lara... ?

Dion s'est écroulé sur le canapé à côté de nous.

— Oh. Donc tu penses que le chat que cette femme a vu était...

— Cleo, a confirmé Lucja d'un signe de tête. Le chat de Jennifer. Oui.

Lucja n'était peut-être pas excitée par cette idée, mais je l'étais. Car si Cleo était le chat que Françoise avait trouvé à l'aéroport, Lara devait être le chat dans l'avion ! Je l'avais vue dans le sac de Jennifer, bien que j'espérais qu'elle se soit échappée. Si elle ne l'avait pas fait, elle devait bien être en Australie !

Je voulais crier après Dion et Lucja, aboyer pour qu'ils réfléchissent et en arrivent à la même conclusion que moi. Je n'ai jamais autant regretté de ne pas être capable de parler humain de ma vie.

Heureusement, j'ai été trouvée et élevée par des humains très intelligents. Il leur a fallu un moment, mais ils y sont arrivés.

— Attends, a dit Dion. Mais si Cleo était dans l'avion, d'où venait le chat ragdoll trouvé à l'aéroport ? Ils ont dit que les données de la micropuce n'étaient pas à jour, alors ils n'ont pas pu contacter son propriétaire. Mais c'était peut-être Cleo, n'est-ce pas ? Avec elle et Lara, ça fait déjà deux chats ragdoll perdus dans un aéroport.

Statistiquement, combien y aurait-il de chances pour qu'il y en ait d'autres ?

— Cela semble peu probable, a admis Lucja. Mais ça voudrait dire...

— Que le chat dans l'avion était vraiment Lara ! a fini Dion. Mais comment ?

Lucja a froncé les sourcils, comme elle le faisait toujours quand elle réfléchissait.

— Et si Jennifer avait emmené Lara par erreur, au lieu de Cleo ? Elles se sont disputées, tu te souviens ? Juste après qu'on a passé la sécurité.

— Et cela signifierait que le chat qui s'est enfui n'était pas du tout Lara – mais Cleo.

Ils se regardaient fixement tandis que je tournais autour d'eux, tremblante d'excitation.

Ils avaient trouvé. Ils avaient finalement compris ce qui se passait.

Peut-être pourrait-on retrouver Lara, maintenant. Et lui demander de rentrer à la maison !

— Je ne vois pas comment cela aurait pu se produire autrement, a dit Dion. Et toi ?

Lucja a secoué la tête de droite à gauche.

— Ça veut dire que nous devons retrouver Jennifer.

Dion a lancé le navigateur web de sa tablette.

— Je m'en charge.

Je me suis installée à côté de lui. Je ne l'avais pas senti aussi heureux depuis des semaines.

Lara serait à la maison en un rien de temps. J'en étais certaine.

12

Harry est venu jouer après l'école tous les jours pendant une semaine. Parfois il amenait Petra, parfois il venait seul, mais comme j'étais l'unique animal autorisé dans la cabane, cela ne me dérangeait pas trop. Les enfants semblaient bien s'entendre, bien mieux que je ne l'espérais quand j'avais élaboré le plan. Apparemment, ils avaient plus en commun que la solitude, les animaux de compagnie et l'amour des cabanes dans les arbres, ce qui a aidé, bien sûr. Je pensais honnêtement qu'ils pouvaient être amis pour la vie.

Petra et moi avions fait une bonne chose, même si nos maîtres ne réaliseraient jamais que nous étions derrière tout cela. Probablement ont-ils pensé que le hasard les avait fait se rencontrer comme par magie !

Ma bonne action a laissé dans mon ventre un sentiment de chaleur et de joie qui n'avait rien à voir avec le goûter supplémentaire que Harry m'avait donné quand Anya ne regardait pas. J'avais aidé quelqu'un d'autre, et ça m'avait fait du bien.

J'avais l'impression d'avoir trouvé ce que j'étais censée faire. L'aventure que je devais vivre.

Ce sentiment de bonheur est resté avec moi toute la semaine – jusqu'au jour où j'ai réalisé qu'il était temps pour moi de repartir.

Anya et Harry jouaient à un jeu compliqué avec des cartes et des dés dans la cabane dans l'arbre. Je ne l'avais jamais vue aussi détendue et aussi heureuse. Pas même quand elle m'avait ramenée dans la cabane. Elle était heureuse de m'avoir avec elle, bien sûr – pour avoir de la compagnie, ou pour le souvenir de Millie, le chat qu'elle avait perdu. Mais il y avait toujours eu une certaine tristesse à ce sujet aussi.

Car je n'étais pas son animal de compagnie, pas vraiment. Ses parents ne savaient toujours rien de moi, et les restes de nourriture pour chat sur lesquels je comptais allaient s'épuiser un jour ou l'autre. Que se passerait-il alors ? Anya pourrait-elle en parler à ses parents, essayer d'en trouver plus ? Ou est-ce qu'elle m'oublierait, maintenant qu'elle avait Harry pour lui tenir compagnie ?

Non, Anya ne ferait pas ça. Elle essaierait de trouver un moyen de m'aider, j'en étais sûre. Mais elle n'était encore qu'une enfant. Si ses parents disaient non, c'en serait fini.

Harry était son ami, maintenant. Elle avait quelqu'un pour veiller sur elle.

Ce qui veut dire qu'elle n'avait plus besoin de moi.

Et puis, traîner avec deux enfants dans une cabane et un petit chien qui jappe le reste du temps n'était pas exactement la grande aventure que je cherchais. J'avais fait ce que j'avais à faire ici : trouver une amie à Anya.

Maintenant, il était temps de repartir à la recherche de ma *propre* aventure. Une aventure qui surpasserait tout ce que Gobi avait accompli jusque-là, et prouverait une bonne fois pour toutes que j'étais le meilleur animal de compagnie de la famille. Une fois de retour à la maison.

Je ne me suis pas attardée sur la logistique.

Il était temps de découvrir de nouveaux endroits, de nouvelles personnes et de nouvelles expériences.

Et peut-être trouverais-je quelqu'un d'autre qui aurait besoin de mon aide. Ce serait une bonne chose.

Ce truc d'aider les gens semblait créer une sorte de dépendance.

J'avais utilisé mon temps chez Anya à bon escient, pour apprendre des choses très importantes. En commençant par la façon de descendre d'un arbre.

J'ai pris la décision de ne pas perdre plus de temps. J'étais bien nourrie, bien reposée, et Anya était heureuse et occupée. C'était le moment idéal pour partir – et si je prenais la route maintenant, je pouvais même trouver un endroit pour la nuit, et manger et me reposer avant que le soleil ne se couche.

Je me suis frottée à Anya pour un dernier câlin, puis je suis sortie toute seule en descendant l'échelle pour me lancer à nouveau dans l'aventure. Anya ne savait peut-être pas que c'était un adieu, mais je le lui avais dit à ma manière, et c'était suffisant. Elle avait Harry et Petra maintenant. Elle m'oublierait bientôt.

Petra était assise en bas de l'échelle, attendant que Harry s'ennuie et rentre à la maison, je suppose.

— Où tu vas comme ça ? a-t-elle demandé alors que je descendais (presque) gracieusement de l'arbre.

— Il est temps pour moi de passer à autre chose, ai-je répondu. Je t'ai dit que je ne faisais que passer.

— Oui, mais… Petra a jeté un coup d'œil à la cabane alors qu'un éclat de rire d'enfant en descendait. Tu ne vas pas manquer à Anya ? Et puis, Anya ne te manquera pas ?

— Peut-être. Mais ce n'est pas chez moi, ici. Et ce n'est pas pour ça que je suis venue en Australie.

— Pourquoi es-tu venue, alors ? Petra semblait perplexe.

Je veux dire, si ce n'était pas pour un foyer, ou pour un humain, qu'y a-t-il d'autre ?

— L'aventure, Petra. Même le mot me paraissait excitant maintenant. Quand j'étais partie d'Édimbourg, j'étais nerveuse, incertaine. Même quand j'avais quitté Jennifer, je ne savais pas comment je me nourrirais ni où je dormirais, et cela m'avait terrifiée.

Mais maintenant, tout semblait possible. Je m'étais entraînée à chercher de la nourriture pendant la journée où Anya était à l'école, et j'avais réussi à attraper des rongeurs ou des oiseaux de temps en temps (d'accord, il s'était plutôt agi d'abréger leurs souffrances après un accident, mais quand même) et appris à fouiller les poubelles locales (et à surveiller les chats de gouttière, ce faisant). Mais plus important encore, je savais maintenant qu'il y avait toujours quelque chose – et quelqu'un – qui attendait à chaque coin de rue.

Je ne savais pas où j'allais aller ensuite, mais cela faisait peut-être partie du plaisir de l'aventure. Où que ce soit, j'étais sûre que j'arriverais bien à trouver quelqu'un pour m'ouvrir une boîte de sardines, ou au moins un endroit chaud pour me mettre au soleil pendant la journée. Ça irait.

Je pouvais m'en sortir toute seule.

C'était ça, la vraie liberté.

— Aventure, a répété Petra en frissonnant. Non, merci, très peu pour moi. J'aime les lits douillets et les repas à horaires réguliers.

— Moi aussi, je pensais comme toi, ai-je avoué. Mais c'était avant.

— Avant quoi ?

J'ai réfléchi un instant à ma réponse.

— Avant Gobi, je suppose.

Et avant que Petra ne puisse demander qui ou ce qu'était Gobi, j'ai agité la queue en signe d'adieu, et j'ai disparu à travers les arbres vers ma prochaine aventure.

*

J'ai repris la route avec une confiance renouvelée. J'ai pris mon temps et je me suis promenée dans de nouveaux quartiers, explorant de nouveaux environnements. La nuit, je dormais sous des haies ou dans des cabanes de jardin non verrouillées. Au cours de la journée, j'ai découvert le secret des portes pour chat, et la possibilité de les traverser et de partager la nourriture d'autres chats (ce qui ne devait pas les déranger, enfin, c'est ce que je me suis dit). Je faisais tout de même très attention en m'assurant que ces autres chats – ou leurs maîtres – n'étaient pas à la maison dans ces moments-là. Car tous n'ont pas été aussi compréhensifs que je l'espérais.

Cela a continué jusqu'au matin où je suis tombé sur la gare. Cette dernière ressemblait beaucoup à celle que Jennifer m'avait fait visiter à quelques reprises lorsque nous avions voyagé en ville ensemble – en fait, je me demandais si ce n'était pas la même. D'une manière ou d'une autre, j'avais trouvé le chemin du retour vers le quartier où habitait Jennifer.

J'étais sur une plate-forme, à peser le pour et le contre. D'ici, je pouvais retrouver mon chemin jusqu'à la maison de Kitty, et jusqu'à Jennifer, si elle était encore chez sa fille. Je pourrais voir si Jennifer avait terminé sa quête et si elle avait trouvé un endroit pour disperser les cendres de Jeremy. Je pouvais même rentrer avec elle en Grande-Bretagne, si elle était prête à partir.

Ou alors, je pouvais prendre le train suivant pour aller en ville et voir où l'aventure me mènerait.

Décisions, décisions…

Un train s'est arrêté dans la gare avec un sifflement. Au bout d'un moment, les portes se sont ouvertes et une foule de gens est descendue. J'ai réfléchi une seconde de plus, et les portes ont sonné pour annoncer qu'elles allaient se refermer.

J'étais ici pour l'aventure, me suis-je rappelé. Aussi, le choix était évident.

J'ai sauté entre les portes qui se refermaient, et je me suis promenée le long de la rame pour trouver un siège confortable.

Comme toujours, les gens m'ont remarquée. Je suis une chatte du genre remarquable.

— Vous croyez qu'il a un ticket ? a demandé une mère à ses deux enfants, qui m'ont regardée en ricanant. J'ai levé le museau et la queue et je les ai ignorés. Je ne sais pas pourquoi les humains pensent toujours qu'ils sont les seuls à avoir le droit d'être là. (Et je n'avais aucune idée de la façon d'obtenir un de ces billets que Jennifer avait achetés aux distributeurs automatiques sur la plate-forme, de toute façon.)

Le train avait des fenêtres très intéressantes d'où l'on pouvait bien voir. Pas aussi intéressantes que l'avion, mais bien quand même. Je me tenais les pattes avant contre la vitre, les pattes arrière sur le coussin du siège, et je regardais la ville passer devant nous. Des maisons, des magasins, des voitures, des gens, des arbres et des chiens en laisse, des oiseaux qui picoraient à la recherche de nourriture et bien plus encore. Cela m'a fait réaliser les nombreuses choses qu'il me restait à voir. Comment aurais-je seulement pu penser à m'arrêter ?

Finalement, le train a atteint le bout de la ligne – la même gare où j'avais voyagé avec Jennifer, à peine une semaine auparavant. Pendant que les passagers sortaient de ses portes, je me suis faufilée entre leurs jambes pour trouver chemin vers la ville.

Le soleil de midi était haut dans le ciel, chaud et accueillant sans être brûlant. La seule chose à faire était de se prélasser. Le trottoir était chaud sous mes pattes, et c'était agréable.

C'était différent de voir la ville sans être attachée à un harnais. Je ne me limitais pas à aller là où Jennifer voulait aller – ou même aux endroits où un humain était autorisé à aller. Je pouvais regarder la ville du haut des murs, ou me faufiler à travers les brèches, dans des endroits dont les humains ignoraient même l'existence.

La liberté m'est montée un peu à la tête, et j'ai glissé à travers une balustrade à l'intérieur du parc d'un grand immeuble – sans doute des bureaux. En sautant d'un rebord de fenêtre à l'autre, d'une sortie de secours à l'autre, je me suis frayé un chemin jusqu'au toit de l'immeuble et j'ai contemplé la ville de Sydney.

Le soleil brillait sur le port et le coquillage du toit blanc et lumineux de l'opéra. Sur l'eau, de minuscules bateaux s'élançaient dans la mer, naviguant vers les îles au-delà. En bas, les gens passaient dans la rue, aussi petits que des souris, depuis ma position dominante. J'ai pris un moment pour laisser mes idées se mettre en place.

J'étais si loin de mon existence derrière mes fenêtres d'Édimbourg.

Maintenant que j'en étais arrivée là, rien ne pouvait m'arrêter.

Pas même l'escalier de secours qui s'ouvre et un grand homme en sortant et allumant une cigarette. Je suis immédiatement redescendue d'une corniche à l'autre, jusqu'au niveau de la rue, pour continuer mon voyage.

N'ayant pas vraiment de destination en tête, je me suis retrouvée à revisiter certains des endroits où j'étais allée avec Jennifer, pour les revoir de mes propres yeux, sans avoir à la suivre partout comme une ombre. Sans harnais, les jardins botaniques étaient un tout nouveau monde de cachettes, de labyrinthes et d'aventures, dans et autour des arbustes et des plantes. J'ai passé un après-midi heureux allongée au soleil sur une parcelle d'herbe scintillante près d'un café, à me servir dans les savoureux restes tout en attirant l'attention des clients. Nourrie et caressée, j'ai laissé filer le jour et me suis trouvé un endroit confortable sous un buisson de feuilles encore vertes pour la nuit.

Le lendemain, j'ai continué mes explorations. J'ai décidé de passer le Harbour Bridge pour cette fois, mais je me suis de nouveau retrouvée devant le Queen Victoria Building.

Quand j'ai réalisé où j'étais, je suis retournée un peu en arrière – et j'ai trouvé ce que je cherchais.

Là, assis sur son petit socle en pierre, se tenait Islay. Le cairn terrier de la reine Victoria, apparemment son animal de compagnie préféré.

Non contrainte par le harnais cette fois-ci, j'ai sauté sur le mur entourant le puits (en me réceptionnant très prudemment).

— Bonjour, je m'appelle Islay. J'étais autrefois le compagnon et l'ami de la grande reine Victoria. Les mots ont commencé à sortir automatiquement, exactement comme la dernière fois. Ce devait être comme la radio à la maison, mais en mode répétition.

Islay n'était pas un *vrai* chien, pas cette version-là, en tout cas. Mais quelque chose en lui me rappelait Gobi.

C'était peut-être cette façon avec laquelle il attirait l'attention à lui, attendant que les gens jettent de l'argent dans son puits.

— Grâce aux nombreuses bonnes actions que j'ai faites pour les enfants sourds et aveugles, on m'a donné le pouvoir de la parole, a-t-il imperturbablement poursuivi.

Ou bien – et j'ai dû admettre que c'était le plus probable – était-ce le fait qu'il recueille de l'argent pour aider les autres, selon l'information que Jennifer avait lue dans son guide.

Gobi avait aidé papa dans le désert, et maman disait toujours qu'elle avait inspiré des milliers d'autres personnes avec ses aventures. J'avais le sentiment que Gobi aimerait Islay.

— Si vous jetez une pièce de monnaie dans le puits à souhaits, je vous en remercie.

— Je n'ai pas de pièce, ai-je dit au petit chien. Je ne savais pas si les statues pouvaient vraiment entendre les gens ou les animaux leur parler, mais il me semblait poli de lui répondre, juste au cas où.

— Mais je me souviendrai de toi, au fil de mes aventures. Peut-être pouvais-je aider plus de gens, comme j'avais aidé Anya. Ça me plairait bien. Et je crois que ça plairait à Islay aussi.

— Je vous remercie. Woof woof woof woof ! a ajouté Islay.

J'ai hoché la tête vers lui, et j'ai sauté au sol, prête à continuer mes errances.

En partant, j'ai entendu un petit garçon dire :

— Tu as vu ça, maman ? Le chat parlait à la statue du chien ! Il avait l'air ravi ; j'avais au moins rendu quelqu'un heureux aujourd'hui.

C'était facile quand on savait s'y prendre.

Au fond de moi, je me sentais tout à fait fière de la façon dont mes aventures se déroulaient – jusqu'à ce qu'une autre fenêtre me donne à réfléchir.

Je me promenais dans une rue pleine de magasins vendant un peu de tout, des vêtements aux serviettes de plage, en passant par l'électronique. Je m'étais un peu éloignée du centre-ville vers des endroits que Jennifer n'avait jamais explorés, aussi, je profitais de tous ces nouveaux paysages et de ces nouveaux sons, sans parler de toutes les nouvelles personnes que je croisais.

Soudain, un éclat de lumière et des mouvements ont attiré mon attention, et je me suis arrêtée pour regarder la vitrine d'un magasin plein de téléviseurs, d'ordinateurs et de tablettes, tous montrant la même image, face à la rue.

Le tourbillon de couleurs identique sur les nombreux écrans s'est estompé pour révéler trois personnes assises sur un canapé. Trois humains – et un petit chien débraillé. Mon cœur a fait un bond – c'était bien la dernière chose que je m'attendais à voir ici, en Australie !

Appuyant mes pattes contre le rebord de la fenêtre, j'ai regardé ma famille – maman, papa et Gobi – parler à une troisième personne, un étranger.

Un étrange serrement s'est emparé de ma poitrine à cette observation inattendue. Un intense désir a grandi en moi – pour les gens qui connaissaient mon vrai nom, qui me nourrissaient de crevettes, qui se blottissaient contre moi la nuit.

Peu importe à quel point j'aimais le voyage et la liberté, en ce moment précis, tout ce que je voulais au monde, c'était que l'aventure soit terminée et que je me retrouve à nouveau chez moi, à Édimbourg. Avec ma vraie famille.

J'ai essayé de me débarrasser de ce sentiment et je me suis concentrée sur les faits. Je vivais une aventure *fantastique*, et ils – eh bien, ils faisaient ce qu'ils avaient toujours fait. Continuer sans moi. Ils étaient à la télé, après tout ! Et pas à la maison à se languir de moi.

Je n'entendais pas ce qu'ils disaient, mais je pouvais le deviner assez bien. Gobi devait se pavaner, comme d'habitude, et tous parlaient sans aucun doute de ses brillantes aventures, de tous les endroits qu'elle avait visités et de toutes ces choses qu'elle avait faites.

Si seulement ils savaient pour *mes* aventures. Je devrais m'assurer qu'ils sachent, une fois rentrée à la maison.

S'ils avaient remarqué que j'étais partie.

Découragée à l'idée que je ne leur manquais pas du tout, je me suis détournée et je suis partie à la recherche de quelque chose à manger et d'un endroit pour dormir.

Je n'avais pas besoin d'une famille, de toute façon. Pas quand j'avais toutes ces aventures à vivre et une ville entière à explorer.

Mais d'abord, j'avais besoin de dîner.

13

La ville, je l'avais vite découvert, n'était pas aussi accueillante que la banlieue. Les choses allaient plus vite – des voitures, des vélos et des autobus qui ne semblaient jamais s'arrêter pour laisser les chats traverser les routes. Les humains se déplaçaient aussi plus vite, se croisant les uns les autres à toute vitesse. De plus, il y avait davantage d'immeubles de bureaux et de magasins que de maisons, aussi, trouver un visage amical pour m'accueillir semblait plus difficile. J'ai passé un jour ou deux de plus à saccager des poubelles, à me cacher des chats de gouttière et à proposer mon aide aux humains que je croisais. Mais à chaque fois, ils me caressaient, me grattaient le cou, puis s'en allaient.

Ce n'était pas ce que j'avais espéré.

Le troisième matin après avoir vu ma famille à la télévision, je suis tombée sur une autre fenêtre, cette fois celle d'une librairie. Je commençais à penser qu'on se moquait de moi, car il y avait là, sur un stand derrière la vitre, un exemplaire du livre de Gobi. Sa photo – museau noir, yeux confiants et oreilles étranges – me fixait depuis la vitrine. Célèbre même ici, à l'autre bout du monde. Ses aventures sur papier, pour que tous les humains puissent les lire.

Alors que *mes* aventures étaient au point mort, et que je commençais à penser que personne ne se souciait même qu'elles existent.

Je voulais prouver ma valeur à papa et maman. Mais comment pouvais-je le faire s'ils n'avaient même pas remarqué que j'étais partie ?

Si je leur avais vraiment manqué, comme Gobi leur avait manqué quand elle s'était perdue, ils n'auraient pas pu faire des apparitions à la télévision et partir en tournée comme si rien ne s'était passé.

Je ne m'en étais pas rendu compte quand j'avais décidé de m'enfuir avec Jennifer, mais j'espérais peut-être provoquer leur réaction. Leur rappeler ainsi combien ils m'aimaient, combien je leur manquerais si je n'étais pas là.

Mais ce n'était pas ce qu'ils avaient fait. Et même les fenêtres de la ville semblaient vouloir me le rappeler, maintenant.

J'étais sur le point de poursuivre mon chemin quand la porte de la librairie s'est ouverte et qu'un homme en gilet marron en est sorti. Son cardigan était assorti à ses cheveux et à ses yeux bruns. Dans l'ensemble, cependant, il avait l'air aussi miteux que les livres exposés dans la vitrine de son magasin – comme s'il avait lui-même été lu, puis mis de côté et oublié par un lecteur pas passionné par l'histoire.

Je savais ce qu'il ressentait.

— Bonjour, toi. Tu cherches quelque chose à lire ? Il s'est mis à rire de sa propre blague. Tu es peut-être la seule personne du quartier à aimer la lecture, tu sais.

J'ai incliné la tête pour l'étudier. Est-ce qu'il me parlait à moi ? Si c'était le cas, il était la première personne de cette ville à s'intéresser ainsi à un chat errant.

Mais probablement n'avait-il personne d'autre à qui parler – surtout si personne ne venait jamais dans son magasin pour acheter des livres.

Peut-être qu'il avait besoin de compagnie et de quelqu'un à qui parler, comme Anya. Tant de personnes seules semblaient trouver du réconfort en compagnie des animaux. Voilà pourquoi ils vivaient généralement en famille. Mais si cet homme était seul, je pouvais peut-être l'aider. Contre récompense, bien sûr. Une récompense de poisson. J'aimais sincèrement aider les gens, mais je ne pouvais pas leur être d'une grande aide avec un ventre vide.

Comme s'il avait lu dans mes pensées, l'homme m'a dit :

— Je parie que tu adores les sardines. Et il se trouve que j'en ai une boîte dans mon placard. Ça te dit ?

Je n'avais jamais essayé les sardines auparavant, mais ça avait bien l'air d'être de la nourriture, alors j'ai trotté jusqu'à la porte, qu'il m'a maintenue ouverte, et j'ai attendu de voir quel goût ça avait.

Il a émis un autre rire en me voyant arriver la queue haute et le museau à l'affût. Je ne sais pas ce qu'il y a vu de si drôle. Peut-être seulement l'idée d'avoir une conversation avec un chat.

À l'intérieur, le magasin était encore plus misérable qu'à l'extérieur. Le plancher de bois était égratigné sous mes pattes, et de la poussière dansait et brillait sous la lumière du soleil, qui se frayait un chemin à travers des vitres ternes.

La pièce principale était remplie d'étagères, et chaque étagère était remplie de livres. Je n'aurais pas pu dire s'ils étaient dans un ordre quelconque, et même s'ils l'étaient, il y en avait tellement, et en piles tellement anarchiques, qu'il aurait été difficile de trouver quoi que ce soit. Et c'était sans compter les piles de livres posées à même le sol.

Dans un coin, des fanions de couleurs joyeuses avaient été suspendus au plafond, et une pile de coussins de couleurs vives était adossée au mur, contre encore d'autres piles de livres. Certaines de ces étagères contenaient des livres plus grands et plus minces, avec des images dessinées sur les couvertures et des mots écrits en gros. Il y avait aussi des affiches montrant une fille en armure qui sauvait un dragon, et un garçon qui poursuivait des papillons avec un filet. J'ai deviné que c'était le coin des enfants – même si pas mal de livres pour adultes avaient été empilés tout autour.

Aucun des livres de la boutique n'avait l'air neuf – les dos étaient craquelés et les couvertures et les pages écornées dans la plupart des cas. Je crois que c'était un magasin pour vendre des livres d'occasion, pour que de nouveaux lecteurs puissent en profiter.

Ne sachant pas lire, je n'avais jamais vraiment compris l'attrait des livres. Mais associés aux coussins de l'espace enfants et aux tapis éparpillés un peu partout sur le plancher, ils rendaient le magasin plutôt agréable. Ben était un peu comme ça, lui aussi.

Oui, si j'avais besoin d'un endroit en ville pour me reposer quelques jours – et peut-être même trouver un moyen d'aider quelqu'un de nouveau –, je pouvais trouver bien pire que cette librairie. Surtout si les sardines valaient la peine d'être mangées.

J'ai soigneusement choisi mon chemin entre deux tours de livres, et je l'ai suivi dans la petite cuisine, derrière le magasin principal. J'apprendrais peut-être comment faire, si je passais assez de temps dans cette librairie.

Ce serait quelque chose qui me démarquerait de Gobi, à coup sûr.

— Je m'appelle Ben, par ailleurs, a-t-il dit d'un ton amical, tout en fouillant dans ses placards. Ceci, au cas où tu ne l'aurais pas déjà deviné, est mon magasin. Ha ha ! Je savais bien qu'elles étaient là, quelque part.

Il a sorti une petite boîte de conserve, a tiré sur l'anneau pour l'ouvrir et en a vidé le contenu dans un bol en plastique, avant de l'écraser légèrement avec une fourchette.

— Votre dîner est servi, votre altesse. Puis il a posé le bol sur le sol et j'y ai plongé la tête.

(Il s'avère que les sardines se situaient quelque part entre la nourriture en conserve et les crevettes. Une victoire certaine pour l'humble sardine.)

Ben s'est perché sur le comptoir étroit de la cuisine et m'a regardée manger.

— Je me demande comment tu t'appelles. Tu as vraiment l'air d'avoir du sang royal. Princesse, peut-être ? Je lui ai jeté un coup d'œil, en pensant aux chats de gouttière, puis je suis retournée à mon poisson. Non, tu as raison. C'est trop clinquant. Que dirais-tu de… Elizabeth ?

J'ai fait une grimace, mais je n'ai pas levé les yeux cette fois-ci. Ce n'était pas Lara, mais ça irait. *Princesse.* On n'était pas passés loin du pire.

— Oui, je pense qu'Elizabeth te va très bien, a-t-il dit, apparemment très content de lui. Et tu sais, j'ai toujours pensé qu'il ne manquait qu'un chat à cette librairie. Et bien sûr des clients, une source de revenus décente et une organisation correcte. Oh, et quelqu'un pour nettoyer. Mais mieux vaut commencer par les petites choses avant de viser les grandes, pas vrai ? Alors, chat de boutique, coché sur la liste. Parfait.

Ben avait l'air parfaitement heureux de parler tout seul. Eh bien, si l'écouter le rendait heureux et m'apportait du poisson, j'étais contente de lui rendre service. En plus, il avait besoin d'un chat de boutique, n'est-ce pas ? Il l'avait bien dit. J'étais utile juste en restant ici.

Après avoir une dernière fois léché mon bol, j'ai levé les yeux vers Ben. Il a soupiré et m'a gratté entre les oreilles, ce qui était plutôt agréable, mais ne remplissait pas un ventre vide. Toutes ces aventures en ville m'avaient vraiment affamée.

— Je suppose que je vais devoir aller acheter plus de boîtes, alors ? a demandé Ben. J'ai ronronné en guise de réponse. Quels sont tes préférés, dis-moi ?

J'ai pensé « crevettes » très fort en espérant qu'il m'entende.

Ben est descendu du comptoir et a pris ses clés et son portefeuille dans un grand bol en bois sur le rebord de la fenêtre.

— Avez-vous besoin d'autre chose, Votre Majesté ? J'ai à nouveau pensé « crevettes ». D'accord. Eh bien, garde le magasin pour moi. Je reviens tout de suite.

Je l'ai suivi jusqu'à l'atelier, et je l'ai regardé retourner l'enseigne sur la porte avant de sortir. J'ai décidé d'utiliser mon temps libre pour inspecter le magasin. J'ai parcouru les rangées d'étagères, les recoins cachés regorgeant d'autres livres, et j'ai même découvert un escalier menant à une porte. Il y avait une chaîne au bas de l'escalier, que je pouvais ignorer, étant assez petite pour passer directement en dessous, même avec la queue levée. Quand j'ai atteint le sommet, j'ai poussé la porte avec mon museau, mais elle était trop bien fermée pour s'ouvrir à ma seule poussée. Résignée à attendre que Ben l'ouvre pour moi, je suis retournée à la boutique et au vieux fauteuil en cuir abîmé que j'avais aperçu près de la porte un peu plus tôt. Il n'y avait que quelques livres empilés sur ses bras, avec le coussin principal dégagé et chauffé par le soleil. Je me suis donc recroquevillée pour un petit somme, en attendant Ben.

Ben est revenu avec des paquets devant contenir des boîtes de toutes les saveurs disponibles, à en juger par leurs couleurs différentes, plus quelques boîtes de conserve qui devaient contenir des sardines, mais sans crevettes.

Eh bien… Jusqu'à ce que je perfectionne ma communication chats-humains, je suppose que c'était ce que je pouvais obtenir de mieux. Et soyons clairs, c'était beaucoup mieux que de fouiller dans les poubelles.

— J'espère que tu vas rester dans le coin maintenant que j'ai tout acheté, a-t-il dit en tirant une petite souris de sa poche. La souris était rouge et jaune et elle a tremblé quand il l'a secouée. J'ai sauté dessus avant même qu'il ne commence sa phrase.

Ben voulait que je reste avec lui. Il ne me connaissait que depuis un après-midi, et il voulait déjà que je m'installe à la librairie. Il l'avait dit comme s'il s'agissait d'une blague, mais je pouvais entendre la note d'espoir qui se cachait sous les mots. Il voulait vraiment que je reste – et pas seulement parce qu'il avait acheté de la nourriture pour chat, ou parce que toutes les librairies devraient avoir leur propre chat.

J'avais eu raison dans ma première impression. Ben se sentait seul. Il avait plus besoin de compagnie que de clients.

Mais peut-être pouvais-je trouver les deux…

— Encore faim ? a demandé Ben. J'ai sauté de ma chaise et je me suis dirigée vers la cuisine pour confirmer son intuition.

Mais pendant que je mangeais ma bouillie de poulet et de légumes (c'est ce que Ben disait, en tout cas), j'étais déjà occupée à échafauder un plan.

Après tout, j'avais aidé Anya et ça m'avait fait du bien. J'avais promis à Islay d'essayer de trouver d'autres personnes à aider. Pourquoi ne pas commencer par Ben ?

*

Quand la nuit est tombée, Ben a verrouillé la porte du magasin avec une clé et deux verrous, et a tiré un volet au-dessus de la vitre. (Je me demandais pourquoi il s'embêtait à ce point. Si personne n'avait voulu entrer à l'intérieur pendant qu'il faisait jour, pourquoi diable voudrait-on le faire la nuit ? De plus, le verre était si sale qu'il était presque impossible de voir à travers de toute façon.)

— J'ai un appartement à l'étage, a-t-il dit en me regardant. Je me suis installée confortablement sur le fauteuil, ignorant le lit pour chat qu'il avait posé sur le sol. Je vais aller au lit, maintenant. Tu peux venir, si tu veux, mais tu as l'air plutôt bien, là. Tu veux que je mette de l'eau dans la cuisine, au cas où tu aurais soif pendant la nuit ?

J'ai miaulé mon accord, et il s'est éloigné en secouant la tête et en murmurant quelque chose.

— Honnêtement, je ne pensais pas que je pourrais tomber plus bas. Parler à un chat errant comme s'il pouvait me répondre.

Je l'ai écouté traîner dans le magasin. Le grincement des escaliers, les bruits de pas sur les planches au-dessus de moi, le clic d'un interrupteur avant que la pièce s'éteigne. J'aimais bien Ben. Il avait besoin d'aide, mais je l'aimais bien. Et il y avait bien pire endroit pour passer la nuit que ce fauteuil en cuir douillet.

Malgré tout, une fois le magasin totalement sombre et silencieux, je me suis sentie un peu seule. J'aimais bien mon fauteuil, mais j'aurais peut-être dû suivre Ben, après tout. Je le pouvais peut-être encore… Mais quand j'ai regardé là-haut, j'ai vu que la porte était fermée.

J'étais seule.

Ma famille était à des milliers de kilomètres, de l'autre côté de l'océan, et elle poursuivait sa vie sans même remarquer que j'avais disparu. Jennifer était avec sa famille, Anya était avec Harry, et même Ben était monté et avait verrouillé la porte derrière lui.

Non, ce n'était pas vrai. J'avais choisi de rester ici. Et j'avais choisi de quitter Anya, et Jennifer, et même maman et papa. Je n'étais pas seule. Je m'aventurais en solitaire.

Je devais me souvenir de ça.

En clignant des yeux dans l'obscurité, et en essayant de ne pas me laisser submerger par l'émotion, je me suis souvenue de ce qui avait d'abord attiré mon attention sur cette librairie. La photo de Gobi à la fenêtre.

C'était juste une photo. Seulement un livre, comme tous les autres dans ce magasin. Il n'avait pas de qualités réconfortantes supplémentaires, juste parce qu'il y avait une photo de Gobi sur le devant.

Quand bien même.

Je suis descendue du fauteuil, je me suis faufilée jusqu'à la fenêtre et me suis glissée entre les deux boîtes du présentoir, jusqu'à ce que je trouve ce que je cherchais. Même dans la faible lumière du réverbère, qui perçait à peine le verre de la fenêtre, je pouvais voir les yeux et les oreilles de Gobi sur la couverture du livre.

Avec précaution, en m'aidant de mes dents et de mes pattes, j'ai sorti la copie du livre de Gobi de son support, et je l'ai traîné sur la pile de coussins aux couleurs vives de la section enfants, avant de me blottir dans la douceur qui y régnait.

Non pas qu'elle me manquait. Je pensais peut-être que son visage grotesque allait attirer les clients dont Ben avait besoin. C'est tout.

Et si j'ai dormi avec le livre de Gobi sous mes pattes, ma queue enroulée contre le dos du livre, c'était mon affaire. Et ça ne regardait personne d'autre.

Gobi

— Nous avions raison, a dit Dion en posant le téléphone. Mes oreilles se sont dressées, et je me suis approchée de lui pour en entendre davantage.

— Le chat à l'aéroport ? a demandé Lucja, soudain assise un peu plus droite.

Dion a hoché la tête.

— C'est l'indice qu'on attendait. Quand on m'a dit que les données de la micropuce étaient périmées, je n'ai pas posé d'autre question, car je savais que celles de Lara étaient à jour.

— Et nous étions presque sûrs que le chat sur la photo n'était pas Lara, de toute façon, lui a rappelé Lucja.

— Je sais, je sais. Mais j'aurais dû poser plus de questions. Dion a secoué la tête, et a passé une main derrière sa nuque. Il s'est avéré que seul le numéro de téléphone était hors service, et ils ont donc supposé que l'adresse était également ancienne. Mais le nom, ils pouvaient le vérifier. Il a fallu que j'insiste un peu, avec ces histoires de protection des données, mais j'ai réussi à les convaincre.

— Et c'était Jennifer ? a demandé Lucja.

Nous attendions tous les deux sa réponse, tendus.

— Oui, c'était elle. Jennifer est la propriétaire de ce chat.

Lucja a relâché un long souffle. J'ai retenu le mien un peu plus longtemps. J'avais besoin de savoir ce qui s'était passé ensuite.

— Donc, si c'était bien Cleo à l'aéroport, c'est bien Lara qui est partie dans l'avion avec Jennifer, en a conclu Lucja.

— Exactement. Sauf qu'ils ne peuvent pas me donner ses coordonnées – et même s'ils le pouvaient, elles ne sont plus valables, comme ils me l'ont dit. Donc ils n'ont aucun moyen de la contacter pour lui dire qu'elle s'est trompée de chat, eux non plus.

— Alors qu'est-ce qu'on fait, maintenant ?

Je me demandais la même chose. Quel intérêt de savoir que Lara avait voyagé jusqu'en Australie avec Jennifer, si nous ne pouvions pas la contacter ?

Dion a sorti un cahier et un stylo.

— Maintenant, essayons de nous souvenir de tout ce que Jennifer nous a dit sur elle-même et sur l'endroit où elle allait. On va la retrouver, Lucja. Elle et Lara.

J'ai aboyé mon accord, et ils ont ri tous les deux.

— On dirait que Gobi est prête à aider ! a plaisanté Lucja.

Mais elle avait raison. Je l'étais.

— D'accord. Donc on sait que Jennifer était veuve, et qu'elle voyageait seule... a commencé Dion.

— À l'exception de Cleo, l'a interrompu Lucja, et Dion a corrigé sur sa feuille.

— À l'exception de Cleo, a-t-il répété. Et elle cherchait un endroit pour disperser les cendres de son mari.

— Elle allait rester chez sa fille, je crois, a ajouté Lucja. Ou son fils. Je ne suis plus vraiment sûre.

Dion a soupiré.

— Tout ça est bien mince.

— Oui, pour le moins.

Je me suis couchée entre eux sur le canapé, mon espoir s'estompant aussi vite qu'il s'était levé. C'était mission impossible.

— On peut peut-être contacter la compagnie aérienne à nouveau ? Non, nous devons parler à cette femme qui nous a envoyé le mail en premier, a suggéré Lucja. Elle pourra nous donner les détails du vol. Ensuite, nous verrons si la compagnie aérienne peut nous donner des informations – un nom de famille, au moins. Ça pourrait aider.

— Peut-être, a dit Dion. Mais il n'avait pas l'air convaincu.

Je ne pouvais pas lui en vouloir. Nous savions tous que c'était peu probable. Trouver une femme appelée Jennifer dans un pays aussi grand que l'Australie était à peu près aussi difficile que de trouver un chat ragdoll parmi tous ceux de la planète.

— Je n'arrête pas de penser que… si Lara est en Australie, nous devrions y être aussi, a dit Dion doucement.

Je savais exactement ce qu'il ressentait. Même si nous ne savions pas exactement où elle était, le simple fait d'être dans le même pays qu'elle serait déjà quelque chose.

Lucja a pris la main de Dion, les yeux inquiets.

— Tu es sûr ? Tu n'y es pas retourné depuis si longtemps.

— Je sais. Mais si c'est là que se trouve Lara, là que se trouve une partie de notre famille…

— Alors c'est là que nous devrions être aussi. Lucja a hoché la tête. Je vais commencer à regarder les vols. Et les règles pour l'immigration...

J'étais à la fois excitée et nerveuse. Je voulais aller là où Lara était, autant que Dion. Mais je ne pouvais pas m'empêcher de penser qu'il y avait probablement une raison pour laquelle nous n'étions jamais allés en Australie auparavant...

Et j'avais raison.

Il s'est avéré que m'emmener en Australie était beaucoup plus compliqué qu'on ne l'avait prévu. Heureusement, j'avais déjà eu pas mal de piqûres et de contrôles avant notre voyage en Chine, ce qui a un peu accéléré les choses. Mais il a quand même fallu des semaines pour tout arranger.

Le pire, c'est que je devais voyager dans la soute de l'avion.

— Pas tout le chemin, avait expliqué Lucja à Dion. Nous pouvons faire comme d'habitude et embarquer dans un ferry pour la France, avant de prendre l'avion avec Gobi dans la cabine. Ensuite, il faudra faire une escale, et...

— Enfermer Gobi dans la soute pendant des heures alors que nous volons en cabine... Dion a secoué la tête. Je ne peux pas faire ça, Lucja. Tu ne l'as pas vue après qu'elle a dû voyager dans la soute en Chine. Elle était absolument terrifiée, la pauvre.

— Je sais, je sais. Lucja a regardé la feuille qu'elle tenait dans la main. Je ne vois pas d'autre façon de faire. Les animaux ne sont pas autorisés à entrer en Australie en voyageant dans les cabines, à moins qu'ils ne soient des chiens d'assistance, ce que Gobi n'est pas. Et elle devra aussi passer dix jours en quarantaine à Melbourne.

— Alors nous ne pouvons pas la prendre, a dit Dion. Il va falloir trouver autre chose. Lui trouver un endroit où rester pendant qu'on ira en Australie.

Non. Ils ne pouvaient pas sérieusement penser à m'abandonner alors qu'ils allaient chercher Lara à l'autre bout du monde ? Il fallait que je sois là !

— Nous pourrions peut-être la laisser chez des amis, a suggéré Lucja. Sauf que... si nous n'avons pas Gobi avec nous, nous n'aurons probablement pas autant de facilité à convaincre les médias locaux de nous aider.

— Les médias adorent Gobi, c'est vrai, a admis Dion. Mais je ne suis pas sûr de pouvoir la forcer à partir dans ces circonstances une nouvelle fois.

Me forcer, moi ? J'étais désespérée à l'idée de rester ici. Quoi qu'il m'en coûte.

C'était allé trop loin.

J'ai aboyé assez fort pour attirer leur attention. Ils m'ont regardée, la surprise se lisant sur leur visage.

— Je pense que Gobi a une opinion à ce sujet, a dit Dion en souriant.

J'ai encore aboyé. En effet, j'en avais une.

— Tu crois qu'elle comprend vraiment ce qu'on dit ? a demandé Lucja, la tête penchée sur le côté.

— Bien sûr qu'elle nous comprend. C'est la chienne la plus intelligente du monde, a dit Dion. Ce qui était peut-être un peu exagéré, mais si ça voulait dire qu'ils m'écouteraient, alors j'étais d'accord.

— Et qu'est-ce qu'elle essaie de nous dire ? Lucja avait l'air incrédule.

— Peut-être qu'elle ne veut plus voyager dans la soute d'un avion ? a tenté de deviner Dion.

J'ai aboyé de travers. Ce n'était pas ça du tout !

— Ou pas, a-t-il dit précipitamment. Qu'y a-t-il, Gobi ? Tu veux venir avec nous pour ramener Lara à la maison ?

Je me suis assise et je les ai regardés calmement, en espérant qu'ils interpréteraient correctement ce mouvement.

— Je pense que c'est un oui, a dit doucement Lucja.

— Même si cela signifie voyager en soute ? a demandé Dion.

Je suis restée immobile. Ils se sont regardés.

— Je suppose que je ferais mieux de commencer à chercher des avions pour Melbourne, alors, a dit Lucja.

— Je suppose que oui. Dion était d'accord.

J'ai posé la tête sur mes pattes, soulagée. Nous avions commencé cette aventure en famille. J'avais l'intention de m'assurer qu'on la finisse de la même manière.

Je ferais n'importe quoi pour ramener ma sœur saine et sauve à la maison. Même si cela signifiait un autre vol cauchemardesque dans la soute d'un avion, et dix jours en quarantaine.

C'est à ce point que je l'aimais, ma Lara.

14

Je savais que Ben avait voulu plaisanter en disant que le magasin avait besoin de clients, mais ce n'est que le lendemain que j'ai réalisé à quel point il disait vrai.

Nous avons déjeuné ensemble dans la petite cuisine de l'atelier, avant que Ben ne retourne l'enseigne et n'ouvre la porte. J'ai pris mon poste sur le fauteuil pour surveiller les clients susceptibles d'entrer.

Au bout d'un moment, j'ai décidé que lesdits clients ne m'en voudraient probablement pas si je faisais une petite sieste.

Quand je me suis réveillée, Ben sirotait une tasse de café et lisait la couverture d'un livre avec une loupe.

— Tu n'as rien raté, a-t-il dit en remarquant que j'étais réveillée. Eh bien, à part mes prédictions sur le coupable. Je suis presque sûr que c'est le poissonnier.

Mes oreilles se sont dressées au mot « poisson », et Ben a levé les yeux au ciel avant de déposer son livre.

— Encore faim, hein ?

J'ai ouvert le chemin jusqu'à la cuisine et j'ai attendu mes sardines. Ce n'était pas comme s'il avait autre chose à faire d'important, de toute façon.

L'heure du déjeuner est arrivée sans que la cloche du magasin ne sonne plus d'une fois, et même là, il s'agissait juste de quelqu'un qui cherchait son chemin. Comme il repartait, Ben m'a regardée et a haussé les épaules.

— La foule du samedi. Il ne manquait pas d'ironie. C'est la cohue chaque semaine.

Je me suis allongée sur ma chaise et j'ai réfléchi. Ça n'allait pas du tout. Quel était l'intérêt pour Ben d'avoir tous ces livres si personne ne voulait les acheter ? Sa boutique était peut-être un peu poussiéreuse, mais elle était accueillante et confortable. Les gens avaient juste besoin d'être persuadés de devoir lui donner sa chance, j'étais sûre qu'ils l'adoreraient par la suite. Tout comme ça avait été le cas pour moi. Ben m'avait donné une chance – et quelques sardines –, après tout. Maintenant, il avait besoin de clients. Il fallait qu'il ait l'opportunité de leur montrer à quel point lui – et son magasin – valait le coup.

De toute évidence, cet homme avait besoin de mon aide. Et de mon irrésistible attrait duveteux.

Soudain, j'ai su ce que je devais faire pour aider Ben.

La journée était ensoleillée, alors j'ai miaulé patiemment à la porte jusqu'à ce que Ben me l'ouvre, puis j'ai commencé à me dégourdir les pattes sous le soleil qui irradiait le perron. Il n'a pas fallu longtemps avant que le premier acheteur occasionnel s'arrête pour me caresser.

C'était une femme âgée, et l'homme qui l'accompagnait – sans doute son mari – a levé les yeux au ciel quand elle s'est arrêtée près de moi. Avec un large sourire, elle s'est accroupie à côté de moi et a commencé à me caresser.

— Moira, y a-t-il un chat dans toute l'Australie que tu ne voudras pas caresser ? a demandé l'homme.

— C'est possible. Mais je ne les ai pas encore tous rencontrés, a-t-elle répondu sans intention manifeste de se justifier. En plus, regarde-la, Stan. Elle est d'une telle beauté.

J'ai ronronné en entendant le compliment, juste un peu. Il est toujours agréable d'être appréciée à sa juste valeur.

— Eh bien, si on doit rester plantés là, je ferais aussi bien de fouiner, a dit Stan en me passant par-dessus et en poussant la porte de la librairie.

— Bonne idée, mon chéri, a dit Moira, absente. Tu aimes tant lire.

— Ça me donne l'occasion de ne pas m'ennuyer pendant que tu te lies d'amitié avec toute la population féline de Nouvelle-Galles-du-Sud, a ajouté Sam en murmurant.

Je me suis roulée sur le dos pour encourager Moira à me frotter le ventre. Pas besoin de presser Stan dans la lecture de son livre, n'est-ce pas ? Plus il restait longtemps, plus il avait de chances d'acheter de livres, après tout.

Le temps que Moira se lasse de ma fourrure merveilleusement soyeuse, Stan avait acheté trois livres et avait promis d'en acheter d'autres quand il les aurait terminés.

— C'est difficile de trouver une bonne librairie d'occasion, de nos jours, a-t-il dit à Ben, qui lui ouvrait la porte. Je reviendrai, soyez-en sûr.

— Moi aussi, a ajouté Moira en se redressant. La prochaine fois, je regarderai peut-être même les livres, moi aussi. Mais pour être honnête, ce sera surtout pour voir cette beauté. Quel est son nom ?

— Elizabeth, a répondu Ben, l'air confus devant toute cette attention.

— Vous devriez mettre sa photo dans la devanture, lui a confié Moira. Elle va vous attirer de nombreux clients, c'est certain ! Puis elle a plissé les yeux en observant les fenêtres. Vous devriez peut-être y passer un coup de plumeau, d'abord.

— C'est vrai, a dit Ben. Je vais... hum... y réfléchir. Je vous remercie de votre visite.

Stan et Moira se sont éloignés en se chamaillant au fur et à mesure de leur avancée. Ben m'a regardée. « Sardines ? »

Je me suis levée et j'ai passé le seuil. C'était un dur labeur que d'être une publicité vivante.

Après ma pause sardine, j'ai repris ma place sur le pas de la porte, où j'ai été rapidement repérée par une famille de cinq personnes. Les deux plus jeunes enfants et le père sont restés dehors pour me caresser, tandis que l'aînée et la mère ont exploré le magasin – et sont partis avec un sac plein de livres.

— Quelle chance que nous ayons trouvé cette librairie d'occasion. J'ai pu acheter des livres pour tout le monde sans me ruiner ! a dit la mère, heureuse.

La fille aînée est sortie en courant derrière elle, un dernier livre à la main.

— Maman ! Je peux avoir celui-là aussi ? Il me sera très utile, pour l'école...

Maman a regardé la couverture jaune, rose et verte d'un air dubitatif, mais l'a pris quand même.

— Un de plus, apparemment. Je ne peux pas leur dire non, puisqu'ils veulent lire.

— Et vous avez parfaitement raison, a convenu Ben. Je vais vous le mettre de côté.

Bien sûr, c'est à ce moment-là que les deux plus jeunes ont décidé d'explorer le magasin, fendant les rayons jusqu'à trouver l'espace aux coussins et aux couleurs vives, avec la sélection de livres pour enfants et quelques petits jouets disponibles. Leur père s'est assis dans mon fauteuil et leur a lu des livres d'images pendant un moment, avant qu'ils ne soient tous prêts à partir. C'était agréable de voir la boutique pleine de vie, avec des gens qui appréciaient les livres.

Cela dit, le calme qui s'est installé après leur départ n'était pas désagréable non plus.

— Revenez bientôt, a dit Ben en leur faisant un signe de la main.

— Nous le ferons !

Ben a maintenu la porte ouverte avec une petite pile de livres.

— C'est une si belle journée, s'est-il justifié. Puis il a placé mon bol d'eau sur la marche, et s'est assis dans mon fauteuil près de la fenêtre, attendant de voir si d'autres clients viendraient.

Je ronronnais joyeusement, quant à moi. Il ne s'agissait plus de savoir si Ben aurait d'autres clients, *ou pas*. Comme j'étais maintenant aux manettes, ce n'était plus qu'une question de temps.

Un couple de charmantes jeunes filles est passé par là, à la recherche de textes pour leurs cours universitaires, apparemment.

— Je n'avais même pas réalisé que cet endroit existait, a dit l'une d'entre elles, alors que Ben rangeait leurs achats. Ça doit être parce que ça n'est pas très attirant, vu de l'extérieur.

— C'est vrai, a répondu Ben en faisant une grimace en direction des vitres sales.

— Je reviendrai bientôt chercher quelque chose à lire pour le plaisir. Une fois que j'aurai passé cet examen, a ajouté la fille.

— Qu'est-ce qui vous a fait remarquer la boutique, aujourd'hui ? a demandé Ben, curieux. Quant à moi, je connaissais la réponse. C'était évident pour quiconque avait des yeux et un peu de respect pour les chats. Mais apparemment, Ben était encore trop surpris de l'augmentation soudaine de sa clientèle pour voir la réalité en face.

— Votre chat ! a gloussé l'autre fille. Abbey *adore* les ragdoll. On en aura un ensemble quand on quittera l'université.

Elles sont reparties ensemble sous le soleil éclatant, heureuses et amoureuses, et chargées de livres.

— Je n'arrive pas à décider si tu es un porte-bonheur, ou si je vais finir par dépenser tout l'argent que tu me fais gagner en sardines, a dit Ben, une fois que nous avons de nouveau été seuls. Mais ça me va pour le moment.

Lorsque Ben a baissé l'enseigne pour la fermer ce soir-là, dix-sept clients étaient passés par cette porte et avaient acheté des livres. Ben a dit que c'était la meilleure journée qu'il avait eue depuis qu'il avait ouvert ses portes. Ce qui en disait long sur la façon dont il se débrouillait avant que j'arrive ici.

Les choses ont continué de la même façon pendant quelques jours. Ben et moi avons rapidement synchronisé nos routines : j'amenais les clients, et il me fournissait la nourriture. Bientôt, la nouvelle s'est répandue et de plus en plus de gens sont venus à la boutique pour acheter des livres, plutôt que pour me voir. Je suppose que c'était quand même une bonne chose.

— Le bouche-à-oreille est une publicité qui n'a pas de prix, a dit Ben en secouant la tête quand un autre client est parti. La femme avait acheté trois livres, et c'était son amie Moira qui lui avait dit de passer. C'est incroyable. C'est ce que j'attendais depuis l'ouverture. Il m'a souri. Vous valez votre pesant de sardines, Votre Majesté.

J'étais au courant, merci.

Le quatrième jour – et après que Moira est revenue voir les livres –, Ben a rempli un seau d'eau chaude, a pris une éponge et un savon et s'est posté sur le trottoir, devant le magasin. Il a soupiré, et m'a regardée. J'étais étalée de tout mon long sur mon fauteuil.

— Je suppose que ta queue duveteuse n'est pas faite pour nettoyer les vitres, n'est-ce pas ? a-t-il demandé.

Je ne lui ai pas fait l'honneur d'une réponse.

Ben a passé la majeure partie de la journée à nettoyer les grandes et larges fenêtres du magasin, à l'intérieur comme à l'extérieur – d'autant plus qu'il n'arrêtait pas de s'arrêter et de se sécher les mains pour s'occuper de ses clients. Je l'ai soutenu moralement tout au long de la journée en l'observant depuis le perron ensoleillé, tout en venant inspecter périodiquement son travail quand j'avais besoin de me dégourdir les jambes, ou de lui rappeler qu'il était temps de sortir une boîte de sardines.

— Merci de m'avoir aidé à faire tout ça, m'a dit Ben alors que je plongeais la tête dans un autre bol de sardines. Je pense que c'est ce que maman appelait du sarcasme.

Mais même Ben devait admettre que le magasin avait l'air beaucoup plus lumineux et accueillant une fois les fenêtres propres. Nous sommes restés ensemble sur le trottoir dans la lumière déclinante du soir, et nous avons contemplé le travail accompli.

— Le seul problème, c'est que je vais devoir aussi refaire ma devanture, maintenant, a-t-il dit en soupirant. Mais il n'avait pas l'air vraiment déçu. En fait, il semblait presque… excité.

C'était bon signe.

Ben a même mis une affiche avec une photo de moi sur la vitrine, et une pancarte sur laquelle il était écrit : « *Entrez et rencontre Elizabeth, la chatte de librairie.* »

— De cette façon, les gens sauront que tu es ici, qu'il pleuve ou qu'il vente, sans doute dans ton fauteuil.

Cela m'a semblé être une idée très sensée. Être une personnalité publique est très exigeant. J'avais besoin de prendre soin de moi, sinon ma fourrure pouvait vite perdre de sa superbe.

Quelque chose de très étrange s'est passé cette première semaine, cependant. C'était un matin gris et frais, juste après l'ouverture. J'étais recroquevillée dans mon fauteuil pendant que Ben sirotait son café, me lisant le journal (même si je n'avais aucune idée de qui étaient les gens dont il parlait). Normalement, nos clients n'arrivaient qu'un peu plus tard dans la matinée, alors nous avions tendance à prendre les premières heures pour nous, profitant de la paix du magasin vide. Ben plaisantait parfois en disant qu'il ne se serait jamais attendu à désirer le calme d'un magasin vide, à l'époque où c'était le cas tous les jours !

Quand la porte du magasin s'est ouverte, nous avons supposé qu'il s'agissait d'un client classique – c'était le jour idéal pour se blottir au chaud et lire un bon livre, avait dit Ben quand il était descendu ce matin-là. Mais au lieu de s'intéresser aux livres, la dame est passée devant les piles sans les regarder pour se faufiler directement jusqu'au comptoir.

— J'aimerais voir votre chat, s'il vous plaît, a-t-elle dit en fixant Ben d'un regard dur. Dans ses efforts pour éviter de renverser les tours de livres, elle m'avait apparemment complètement ratée, car j'étais bien à mon poste sur le fauteuil.

— Mon chat ? Ben a souri, comme il le faisait toujours avec les nouveaux clients. Vous n'êtes pas la première personne à me demander ça. Elle est sur le fauteuil, là-bas.

Et c'était vrai. Mais ce n'était pas le fait de vouloir me voir qui était étrange – ça arrivait tout le temps, surtout depuis que Ben avait mis la photo à la fenêtre. C'est ce qui s'est passé *ensuite*.

— Vous dites qu'elle s'appelle Elizabeth ? a-t-elle demandé en m'examinant. Elle ne m'a pas caressée, ni grattouillée, comme tous les autres clients le faisaient. Elle se contentait de me *regarder*. Je me suis recroquevillée à l'arrière du fauteuil. Je n'ai aucun problème à être admirée, mais être étudiée de cette façon me donnait toujours l'impression que j'étais chez le vétérinaire.

Ben a visiblement compris mon malaise, et s'est avancé pour se mettre entre la femme et moi.

— Oui, a dit Ben, sur la défensive. Elizabeth est avec moi depuis des années.

Je lui ai jeté un coup d'œil. Est-ce qu'il me protégeait juste de l'intimidante dame ? Ou avait-il vraiment peur que quelqu'un vienne me réclamer ? Je suppose qu'il n'avait aucune idée d'où je venais, ou si j'avais une famille qui cherchait à me ramener à la maison. Et je suppose qu'il ne voulait pas me perdre maintenant, pas depuis que je faisais tourner sa librairie.

Il n'avait pas à s'inquiéter. Je savais que maman, papa et Gobi étaient trop occupés pour me chercher. Ils avaient des interviews télévisées et des visites guidées à faire, après tout. Il n'y avait rien qu'un chat comme moi puisse ajouter à leur vie. Je ne pouvais rien faire pour les aider – ils n'en avaient pas besoin, eux.

Et même si ma puce électronique disait maintenant que j'appartenais à Jennifer, elle savait que je n'étais pas vraiment son chat non plus. Je ne pensais pas qu'elle viendrait me chercher ou me réclamer. En fait, j'étais presque certaine qu'elle croirait que l'univers avait un autre travail pour moi, ou quelque chose comme ça. Que c'était mon destin que je parte.

En fait, elle avait peut-être raison là-dessus, quand j'y pense. La vie était étrange, parfois.

Bref, le fait est que j'étais un électron libre. Je pouvais aller et venir comme je le voulais.

Et il se trouve que ce que je voulais en ce moment, c'était un fauteuil confortable entouré de livres, un flot constant de clients pour m'admirer, et des sardines à la demande, c'était tout.

— Hum. La femme s'est redressée, car elle ne pouvait pas vraiment me voir à travers Ben, de toute façon. C'est drôle. Elle ressemble à un chat dont j'ai vu une photo à la télé récemment. Ses propriétaires ont lancé une sorte de campagne de recherche internationale pour la retrouver.

Un chat chanceux, à mon avis. Les miens n'ont probablement même pas remarqué que j'étais parti. Ils ne lanceraient certainement jamais ce genre de campagne pour moi, contrairement à ce qu'ils ont fait pour Gobi, quand elle s'était perdue.

— Je pense que la plupart des chats ragdoll se ressemblent beaucoup, a dit Ben. La femme n'a pas semblé remarquer la nervosité dans sa voix, mais moi si. Il ne voulait *vraiment* pas me perdre.

Et il n'avait pas tort, en vérité. J'étais unique. Les ragdoll ne se ressemblaient que pour les gens qui n'y connaissaient rien. Comme ma famille, et Jennifer, quand Cleo et moi avons échangé nos places.

Finalement, la femme est partie, apparemment satisfaite que je ne sois pas le chat qu'elle cherchait. Ben a enlevé l'affiche de la fenêtre après ça, ce qui était dommage, car j'aimais m'asseoir sur mon fauteuil et attendre que les gens viennent me caresser. Ça ressemblait un peu à un trône.

La vie est revenue à la normale. En fait, la visite intimidante de cette femme a été la seule chose étrange qui se soit passée à la librairie. Du moins, jusqu'au jour où Gareth est arrivé.

15

Le jour de l'arrivée de Gareth a commencé comme tous les autres. Ben m'avait donné le petit déjeuner pendant qu'il se faisait du café, puis nous nous étions installés confortablement près de la porte – moi sous les rayons du soleil matinal tombant sur mon fauteuil, lui lisant le journal derrière le comptoir –, dans l'attente de nos premiers clients.

Et la journée se serait probablement passée comme toutes les autres, si je n'avais pas vu un adolescent se comporter d'une manière très suspecte alors qu'il passait devant le magasin.

Il était plus petit que Ben et portait un sweat à capuche foncé, un jean et des baskets sales. Ses cheveux noirs tombaient sur son front à travers sa capuche, et son regard passait de gauche à droite, comme s'il avait peur d'être suivi.

Hmm. Certainement pas le genre de client dont on a l'habitude. Ma curiosité était piquée.

Ben n'avait pas l'air de l'avoir vu – ou s'il l'avait vu, il l'ignorait pour l'instant. Mais c'était une journée calme, pour une fois, et j'étais curieuse, alors je me suis levée en m'étirant pour suivre l'adolescent tandis qu'il s'éloignait de la porte d'entrée.

Et j'avais bien fait de le faire. Après avoir regardé par-dessus son épaule, le garçon était parti en direction de la ruelle adjacente, habituellement fréquentée uniquement par les souris et les rats. (Je les laissais tranquilles, la plupart du temps. Ils n'avaient pas le même goût que les sardines, et j'étais sûre que Ben préférait que je lui ramène des clients plutôt que des rats morts.) Qu'est-ce qu'il pouvait bien chercher là-bas ?

Je l'ai suivi pour le découvrir, bien sûr, tout en évitant soigneusement les taches d'humidité et les déchets éparpillés. Le garçon était trop occupé à regarder en direction de la rue pour me remarquer, alors j'ai commencé à miauler.

Je n'aime pas être ignorée.

Il m'a regardée, et ses yeux se sont écarquillés.

— Chut ! a-t-il sifflé.

J'ai encore miaulé, par pur esprit de contradiction. Je n'aimais pas cet étranger qui traînait près de mon magasin, et je n'aimais pas non plus qu'on me dise de me taire.

L'expression du garçon est devenue un peu paniquée. Avait-il peur des chats, ou quelque chose comme ça ? De toute évidence, il avait juste besoin d'apprendre à nous connaître pour nous aimer. Sauf que ça voulait dire qu'il traînerait dans ma boutique et, à ce moment-là, je préférais le chasser pour que Ben et moi puissions retourner à notre paisible existence.

Il a fait claquer ses mains vers moi, inefficacement.

— Va-t'en. File, espèce de stupide chat. Tu vas me trahir !

Je l'ai ignoré. Comment pouvait-il faire référence à moi en utilisant l'expression « stupide chat » ?

Il a encore regardé vers la rue. J'ai encore miaulé, espérant que ça l'encouragerait à s'expliquer. C'était normalement à ce moment de la procédure que les humains se retrouvaient à m'expliquer, à me raconter ce qui se passait dans leur vie et quels étaient leurs problèmes. C'était comme ça que ça avait fonctionné avec Jennifer, Anya et Ben, en tout cas. Je m'attendais à ce que le garçon se retourne, soupire et commence à me raconter.

Mais il a continué à me regarder fixement. Ça n'avait pas l'air d'être une flèche.

— Gareth ? Gareth ? La voix d'une femme se faisait entendre depuis la rue. À la façon dont les yeux du garçon se sont élargis – et j'étais à peu près certaine qu'il lui était physiquement impossible d'aller au-delà –, j'ai deviné qu'il s'agissait là du *même* Gareth.

— S'il te plaît, m'a-t-il chuchoté. S'il te plaît, ne me trahis pas.

J'ai regardé en arrière, ne promettant rien.

Ce n'était pas une confession complète, mais au moins, c'était une reconnaissance qu'il avait un problème et qu'il avait peut-être besoin de mon aide pour le résoudre. J'ai commencé à le regarder différemment – pas tant comme quelqu'un qui rôdait près de ma boutique et gâchait une matinée paisible, mais plutôt comme un nouvel humain dans le besoin qui attendait que je mette un peu d'ordre dans sa vie.

Mais il y avait de nombreuses questions auxquelles je devais répondre. Que faisait-il ici ? De qui se cachait-il, et pourquoi ? Tant que je n'avais pas de réponses à ces questions, je refusais de choisir mon camp. Peut-être était-ce la femme qui l'appelait qui avait *vraiment* besoin d'aide. Je ne pouvais être sûre de rien.

Ce qui veut dire que je ne pouvais rien faire qui puisse le trahir non plus. Après tout, il se cachait peut-être pour de très bonnes raisons. Gareth était peut-être la prochaine personne que je devais aider, maintenant que j'avais réglé la situation de Ben et de son magasin – mais il pouvait tout aussi bien être lui-même la source des problèmes de quelqu'un d'autre. Je n'avais qu'à attendre de voir ce qui s'était passé avant de me faire une idée.

— Gareth ? Un autre appel, plus près cette fois, a résonné dans l'allée.

La tête de Gareth a bougé d'un côté à l'autre tandis qu'il cherchait quelque chose autour de lui, puis il a plongé dans l'embrasure de la porte, à l'arrière du magasin, se cognant contre elle alors qu'il tentait de se cacher. Je l'ai suivi pour voir s'il était encore visible. La porte elle-même était encastrée dans le mur, une marche la séparant de l'allée. Les vêtements foncés de Gareth se fondaient étonnamment bien contre le bois de la porte, et avec son capuchon sur sa tête, il était difficile de dire depuis la rue qu'il y avait quelqu'un devant la porte.

Satisfait qu'il soit convenablement caché aux yeux de la personne qui le cherchait, je suis retournée devant le magasin pour voir ce qui s'y passait. La personne qui cherchait Gareth pouvait peut-être me donner davantage de réponses que lui.

— Gareth ! Où es-tu ? La femme qui avait appelé avait l'air d'avoir l'âge de Ben, mais elle était mieux habillée, et de loin. Sa veste sable était bien ceinturée à la taille et, même si elle n'avait pas l'air neuve, elle était impeccable. Ses cheveux blonds tombaient par vagues autour de ses épaules, et son corps semblait frêle, comme si elle faisait un effort démesuré pour le tenir debout.

À bien des égards, elle était à l'opposé de Ben, qui était plutôt du genre débraillé et détendu. Pourtant, elle avait l'air triste, comme lui, et ses épaules étaient rapidement retombées quand elle m'avait vu apparaître.

L'espoir a disparu de ses yeux, et ce sentiment de tristesse a encore grandi. Je commençais à le ressentir clairement, m'étant approchée.

— Est-ce que tout va bien ? a demandé Ben depuis la porte du magasin. Il avait l'air assez aimable, mais son regard semblait méfiant. De la femme ? Elle ne semblait pas très menaçante. Ou bien en savait-il plus qu'il ne voulait bien le dire ? Savait-il que Gareth était caché derrière le magasin en ce moment même ? Je n'étais sûre de rien.

La femme s'est tournée vers lui, un sourire triste au visage.

— Je suis désolée. J'ai cru voir… J'ai cru voir mon fils. Le dernier mot s'est transformé en sanglot, et elle a levé les mains vers son visage pour cacher ses larmes.

Oh Gareth. J'avais l'impression qu'il s'était peut-être mis lui-même – et sa mère – dans un pétrin que même *moi*, je n'arrivais pas à résoudre seule. Mais j'allais tout faire pour essayer d'aider.

Il fallait d'abord empêcher la femme de pleurer.

Ben m'a regardée. Je l'ai regardé.

J'ai bien senti que cette situation ne pouvait être résolue autour d'une boîte de sardines, et nous semblions tous les deux à court d'idées en ce qui concernait la marche à suivre. Si elle avait été assise, j'aurais pu me blottir sur ses genoux et ronronner pour la réconforter. Mais comme elle restait dans la rue…

Heureusement, Ben s'est montré à la hauteur.

— Pourquoi ne viendriez-vous pas prendre une tasse de thé ? a-t-il suggéré. Ça m'aide toujours quand quelque chose ne va pas. J'ai aussi de la tisane. Ou un café, si vous préférez. Et il doit y avoir des biscuits quelque part. Elizabeth pourrait même vous laisser partager son fauteuil.

Je le ferais volontiers ! Je pourrais alors ronronner de façon réconfortante, ce qui aiderait sans doute.

La femme a reniflé.

— C'est très aimable à vous, je vous remercie. Je m'appelle Pollie, enchantée. Elle lui a tendu la main, qu'il a regardée fixement pendant un long moment avant de la prendre dans la sienne. Même si Ben s'était habitué à avoir beaucoup de clients dans son magasin, il ne semblait pas très à l'aise avec les personnes qui avaient besoin d'autre chose que d'un livre.

— Ben. Il lui a souri timidement tandis qu'elle passait devant lui. Et voici Elizabeth.

— Vous m'en avez déjà parlé. Pollie lui a rendu son sourire par l'un des siens – encore un peu triste, mais sincère.

— Vraiment ? Hum, vous avez raison. Du thé ?

Il était *vraiment* nerveux. J'ai jeté un coup d'œil à Pollie. Cheveux blonds, grands yeux bleus et tristes, belle robe sous sa veste sable. Elle devait être assez jolie, je suppose, quoique manifestement en détresse. Ben pouvait sans doute bien s'entendre avec elle.

Hmm. Peut-être que ma mission auprès de Ben ne s'arrêtait pas à trouver plus de clients à sa librairie, après tout. Peut-être avait-il besoin d'une autre compagnie que celle de ses clients. Peut-être qu'il avait besoin d'une amie, comme Anya.

Mais d'abord, nous devions comprendre ce qui se passait avec Gareth et Pollie, et comment nous pouvions les aider. J'allais vraiment avoir besoin de l'aide de Ben, cette fois-ci. Et qui sait ? Peut-être que leurs deux problèmes s'arrangeraient ensemble, avec l'aide de quelqu'un qui savait y faire.

Je me demandais ce que Gareth était en train de faire. J'avais envie d'aller le voir, mais à ce moment-là, Pollie avait besoin que je reste auprès d'elle. Et si je partais maintenant, j'allais rater l'histoire qu'elle avait sans doute à nous raconter. Et sans cette information, comment pouvais-je démêler le vrai du faux ? J'étais presque sûre que Pollie était la mère de Gareth – ça semblait tout à fait logique. Mais dans ce cas, pourquoi se cachait-il d'elle ? Devions-nous aider la mère à trouver son fils où aider le fils à se cacher de sa mère ?

Pollie s'est assise dans le fauteuil et je me suis pelotonnée sur ses genoux. Je suis une présence apaisante. Difficile d'être malheureux quand on a un chat qui ronronne sur ses genoux.

Ben s'est agité dans la cuisine pour faire du thé – renversant quelques objets au passage, d'après les sons qui en provenaient –, puis il est venu nous rejoindre. J'espérais qu'il m'apporterait aussi un en-cas, mais apparemment je devrais attendre encore un peu. De toute évidence, Pollie avait plus besoin de ses soins et de son attention que moi, à ce moment-là.

— Vous cherchez votre fils ? a-t-il demandé en lui tendant une tasse – celle avec des éléphants, ai-je remarqué avec satisfaction. C'était la moins ébréchée qu'il possédait. Il essayait de l'impressionner. (*J'aurais été* impressionnée s'il avait aussi sorti les sardines.)

— Gareth. Pollie a pris une gorgée de thé. Je me suis calfeutrée sur ses genoux. Je le savais. Pollie était la mère de Gareth. C'était tout à fait logique.

Eh bien, sauf le fait qu'il se cache d'elle. Je n'avais pas encore compris cette partie de l'histoire.

— Il a quinze ans, a poursuivi Pollie. Il… il s'est enfui de la maison il y a trois jours et je le cherche comme une folle depuis qu'il est parti. Tout le monde le cherche – la police, mes amis, l'école, tout le monde. Mais on n'a aucun signe de lui. Ni chez ses amis, ni dans les endroits qu'il fréquente habituellement. Il m'a laissé un mot me disant qu'il était désolé, et qu'il ne fallait pas le chercher. Mais comment ne pas le chercher ? C'est mon seul enfant. J'ai cherché partout et je n'ai rien trouvé. Mais là, au coin de la rue, j'aurais *juré* l'avoir vu.

— Il n'est pas venu ici, j'en ai peur, a dit Ben. J'ai remué un peu sur les genoux de Pollie, mal à l'aise. Si je n'étais pas sortie de l'allée à ce moment-là, elle aurait pu s'y engager et le trouver là, si elle avait regardé avec assez d'attention. Et j'avais bien l'impression que Pollie aurait fouillé toute cette allée s'il y avait eu la moindre chance que son fils soit quelque part.

Et si j'avais fait le mauvais choix ? Aurais-je dû l'y conduire pour qu'elle puisse le trouver ? Elle semblait si bouleversée… mais je ne savais toujours pas pourquoi Gareth s'était enfui.

J'aimerais pouvoir retourner dans l'allée et le lui demander. Miauler jusqu'à ce qu'il cède et me le dise. Je ne pensais pas qu'il y soit toujours, cependant. Il avait dû s'enfuir à nouveau, une fois qu'il avait réalisé que sa mère était entrée. Il ne voudrait pas risquer qu'elle le trouve en ressortant.

Ce qui voulait dire qu'il pouvait être n'importe où maintenant.

Comment pouvais-je les aider si je ne savais même pas où était Gareth ?

— Pour être honnête, il est possible que la fatigue ait

causé cette erreur, a admis Pollie. Je n'ai pas dormi depuis qu'il est parti. Je suis si inquiète…

— J'en suis sûr, a dit Ben, apaisant. Ça doit être terrible de ne pas savoir où est son enfant.

Elle a hoché la tête, étouffant un petit sanglot.

Ben avait l'air au plus mal. Il ne semblait pas savoir quoi faire dans cette situation.

— Mais vous savez, parfois les jeunes garçons… ne pensent pas aux conséquences de leurs actes. Peut-être qu'il s'est déjà rendu compte qu'il avait fait le mauvais choix, et qu'il essaie de revenir en ce moment même.

Pollie a levé les yeux, son regard brillant d'espoir.

— Vous pensez que c'est possible ? Pour ma part, je ne le croyais pas. J'avais vu avec quel soin Gareth s'était caché contre cette porte.

— Je ne sais pas. Ben a haussé les épaules et lui a fait un sourire peu engageant. Mais j'espère pour vous qu'il rentrera bientôt à la maison. Je suis sûr que vous devez lui manquer aussi.

Pollie est restée encore quelque temps, sirotant du thé et parlant avec Ben de l'enfer d'avoir un adolescent. Pour être honnête, ça avait l'air affreux. J'étais presque surprise que Pollie veuille récupérer Gareth. D'après ce qu'elle disait, les adolescents dormaient beaucoup et exigeaient de la nourriture à n'importe quelle heure.

Mieux valait avoir un chat, assurément. Et nous sentions moins mauvais.

— Pour quelqu'un qui n'a jamais eu d'enfants, vous semblez en savoir beaucoup sur leur façon de penser, a dit Pollie en posant sa tasse vide et en se préparant à partir.

Ben a baissé les yeux vers ses chaussures en esquissant un sourire timide.

— Je lis beaucoup. Et j'aime entrer dans la tête des

personnages, comprendre comment ils fonctionnent. Je suppose que c'est pour ça.

— Peut-être. En tout cas, merci à vous. Ça m'a fait du bien de parler avec vous. Que ce soit dans les livres ou non, vous avez vraiment un don pour comprendre les jeunes adolescents, je le pense vraiment.

Le sourire de Ben s'est élargi.

— Sans doute est-ce que je n'ai pas grandi moi-même.

— Peut-être. Pollie lui a souri en retour – le premier vrai sourire depuis son apparition devant la librairie.

— Tenez-moi au courant, s'il rentre à la maison, a demandé Ben, et Pollie a hoché la tête, son sourire envolé.

— Je le ferai. J'espère juste que c'est pour bientôt. Elle a détourné le regard. Je ne sais pas combien de temps je peux encore tenir le coup.

— Je suis sûr qu'il rentrera bientôt, a dit Ben, rassurant. Et en attendant… si vous avez besoin de quoi que ce soit, ou si vous voulez juste prendre une tasse de thé, revenez me voir. Il a pris une carte de la librairie à la caisse et la lui a donnée. Je devrais aussi prendre votre numéro de téléphone. Au cas où je le vois passer par ici.

— Oui, bien sûr. Pollie a pris une autre carte et un stylo, et a griffonné quelques chiffres au dos. Puis elle a sorti une feuille de papier de son sac. J'en ai mis partout en ville. Il y a sa photo dessus… la meilleure que j'aie pu trouver. Il déteste qu'on le prenne en photo. Mais peu importe. Prenez-la. Comme ça, vous saurez à quoi il ressemble.

Ben a pris la feuille et l'a étudiée attentivement, comme s'il se remémorait quelque chose.

— Je l'accrocherai dans la vitrine.

Gareth avait sa photo dans la vitrine, et pas moi ? C'était juste, ça ?

Pollie avait l'air contente.

— Pourquoi êtes-vous si gentil avec moi ? a-t-elle demandé, s'arrêtant à mi-chemin pour remettre sa veste. Vous ne me connaissez même pas. Pour ce que vous en savez, j'aurais pu chasser mon fils en étant la pire mère du monde.

— J'en doute fort. Et même si c'était le cas… en ce moment même, *vous* aviez besoin qu'on vous aide, a simplement dit Ben. Je me dis toujours que le monde serait meilleur si on s'entraidait et qu'on se jugeait moins.

Pollie l'a regardé avec de grands yeux, oubliant sa veste.

— Oui. Je crois que vous avez raison.

Le moment s'étirait, tous les deux se regardant dans les yeux, jusqu'à ce que ça devienne gênant. J'ai miaulé bruyamment, me frottant aux jambes de Pollie et frappant sa veste de ma patte pour qu'elle se souvienne de ce qu'elle était en train de faire.

Ces humains, vraiment. Incapables de se concentrer correctement, c'était leur problème.

Ben attendait sur le pas de la porte pour lui dire au revoir, mais un sentiment lancinant m'a amenée à retourner rôder dans l'allée. Juste au cas où.

Et là, toujours assis contre la porte arrière, Gareth attendait. Il ne s'était pas enfui.

Pourquoi ? Qu'est-ce que ça voulait dire ? Ben le savait sans doute. J'aurais voulu pouvoir le lui demander.

Gareth a reniflé, et j'ai réalisé qu'il pleurait. Peut-être qu'il voulait rentrer chez lui et qu'il ne savait pas comment faire ! Sauf que sa mère était juste là, alors qu'est-ce qui l'en empêchait ? Je ne comprenais pas.

Quelque chose m'a arraché le cœur à cette pensée. Le sentiment qu'il n'était peut-être pas le seul à être confus et perdu.

Il m'avait peut-être traitée de chat stupide, mais cela ne voulait pas dire que je lui souhaitais de passer ses journées dans la ruelle arrière d'une librairie d'occasion. En plus, sa mère lui manquait manifestement.

Si personne ne parvenait à régler cette situation, je devais trouver un moyen de le faire moi-même.

J'étais sur le point de courir vers l'avant du magasin pour essayer d'attirer l'attention de Pollie et la ramener ici, quand la porte arrière du magasin s'est ouverte, et Ben est apparu.

Il a baissé les yeux vers Gareth et a levé les sourcils :

— Tu serais mieux à l'intérieur, tu ne crois pas ?

16

Gareth était assis à la petite table de la cuisine, fixant ses mains sales et tremblant nerveusement. Ben, plus calme que je ne l'avais jamais vu auparavant – et certainement plus calme que lorsque Pollie était assise dans le fauteuil en train de pleurer –, s'est mis à préparer un sandwich avec ce qui restait dans le frigo, et a servi un grand verre d'eau au garçon. Il a placé les deux devant Gareth, puis s'est assis sur la chaise d'en face.

Gareth a longuement regardé le sandwich, puis Ben, et a sauté sur la nourriture encore plus vite que je ne le faisais avec mes bols de crevettes. (J'aurais vraiment aimé avoir des crevettes. Je comprenais que Ben ait besoin de nourrir Gareth et Pollie, mais il y en avait d'autres qui avaient faim ici, ne l'avait-il pas réalisé ?)

— Ça fait un moment que tu n'as rien mangé, pas vrai ? a demandé Ben. Gareth ne s'est pas arrêté de manger pour répondre ; il a seulement hoché la tête.

Je m'étais assise aux pieds de Gareth au cas où il y aurait quelques restes, mais cela semblait peu probable. Ben s'est levé et m'a préparé un bol de sardines.

C'est le genre d'humain dont tous les animaux ont besoin. Un qui sait où sont les priorités dans la vie. Enfin, la plupart du temps.

— Je m'appelle Ben, au fait. Et voici Elizabeth, a-t-il

dit à Gareth, me désignant avec la boîte de sardines. C'est elle qui t'a repéré. Je n'ai compris que quand elle est retournée dans l'allée après le départ de ta mère. J'aurais dû savoir que ce sauvetage avait été effectué grâce à moi. Les humains, vraiment. Comment se débrouilleraient-ils sans nous ?

Gareth s'est figé à la mention de sa mère.

— Est-ce que maman est partie ?

— Oui. Pour l'instant. Ben en avait oublié les sardines, et les avait laissées sur le comptoir. Pensant qu'il ne voudrait pas que je meure de faim, je me suis levée pour l'aider un peu.

— Allez-vous lui dire que je suis là ? Quand il avait levé la tête vers le comptoir, j'avais pu observer que ses yeux étaient grands ouverts, découvrant une grande zone de blanc tout autour de l'iris. Il avait l'air terrifié. Mais de quoi avait-il si peur ? Ce ne pouvait pas être de *Pollie*, n'est-ce pas ? Elle avait l'air si gentille. Triste, certainement, mais gentille. Comme Ben.

Ben s'est assis de nouveau et a fixé Gareth avec attention.

— Ça dépend.

— De quoi ? a demandé Gareth.

— De la raison pour laquelle tu t'es enfui, en premier lieu. Reposant ses avant-bras sur la table, Ben s'était penché vers l'avant, les mains serrées l'une contre l'autre pendant qu'il parlait à l'enfant. Ses yeux et son ton étaient compréhensifs – pas de cris, pas d'explications exigées. Juste une compréhension patiente.

— Je sais ce que c'est que de devoir quitter un endroit. Partir et ne pas regarder en arrière, parce que c'est mieux d'être seul et effrayé que de rester avec des personnes qui nous terrifient. Donc, si tu me dis que tu ne peux pas y retourner parce que tu as peur pour toi, je t'aiderai. Si tu me dis que tu es victime d'abus, ou d'intimidations, ou de *quoi que ce soit de ce genre*, je t'aiderai à t'échapper. Alors, dis-moi. C'est pour ça que tu ne peux pas rentrer chez toi ? C'est pour ça que tu t'es enfui ?

Je n'avais jamais entendu Ben aussi sérieux. *Je sais ce que c'est*, avait-il dit. Comment pouvait-il savoir ? Je n'avais jamais imaginé qu'il avait eu une vie avant de devenir le propriétaire de cette librairie poussiéreuse. Mais de toute évidence, je m'étais trompée.

Soudain, j'ai voulu en savoir plus sur Ben. Il n'avait jamais parlé de quoi que ce soit d'autre que de la librairie pendant les semaines où j'étais restée avec lui. Je me demandais s'il le ferait ce soir.

Gareth a fixé Ben pendant un long moment. Puis il a baissé les yeux vers son sandwich et a secoué la tête. Il avait l'air d'avoir honte, ai-je pensé.

Mais Ben n'allait pas le laisser s'en tirer comme ça. Avec Pollie, il s'était contenté d'écouter – la laissant déverser toutes ses peurs, tous ses souvenirs, toute sa confusion sur ce qui s'était passé.

Mais avec Gareth, c'était lui qui s'occupait de mener la conversation – et il attendait des réponses. Il ne perdrait pas son sang-froid, mais il attendrait avec patience que Gareth veuille bien se confier. C'était un peu comme la façon dont j'exigeais de la nourriture. Je ne griffais pas, ne mordais pas, j'attendais juste très près en miaulant à intervalles réguliers, jusqu'à ce que quelqu'un cède et vienne me nourrir.

Parfois, je pensais que Ben aurait fait un bon chat.

— Alors pourquoi, Gareth ? l'a pressé Ben. Pourquoi tu t'es enfui ?

— Vous allez penser que c'est stupide, a marmonné

Gareth. Il ne levait pas les yeux, donc il n'avait probablement pas vu le sourire étouffé de Ben.

— Peut-être, a admis Ben. Mais ce qui semble stupide à une personne peut être mortellement grave pour une autre. Comme je l'ai dit à ta mère quand elle m'a raconté sa version de cette histoire, dans ce monde, nous devons juger moins et écouter davantage. Alors, dis-moi. Je promets d'écouter sans te juger. Je veux seulement t'aider. Vous aider, toi *et* ta mère, si je le peux. C'est tout.

Gareth l'a fixé pendant un long moment, comme s'il essayait de savoir si Ben était sincère. S'il croyait vraiment ce qu'il disait sur le fait d'aider les gens.

Je savais qu'il disait vrai, quant à moi. Car pendant que je l'aidais, j'avais réalisé qu'il m'aidait aussi. J'étais tellement occupée à me concentrer sur tout le bien que *je* faisais à la librairie qu'il m'avait fallu un certain temps pour remarquer tout ce que *Ben* faisait pour moi.

Il n'avait jamais essayé de savoir d'où je venais et n'avait jamais rien demandé de plus que ma compagnie. Mais il m'avait nourrie et abritée et m'avait laissée m'installer chez lui. Il m'avait recueillie alors que je n'avais nulle part où aller.

Tout ce temps, j'avais pensé que l'aide n'allait que dans un sens. Que c'était moi qui l'aidais à trouver de nouveaux clients. Je n'avais jamais vraiment réfléchi à ce que j'avais obtenu en retour. De la nourriture, un abri – et surtout de l'amour.

J'espérais que Gareth aurait autant de chance que moi, et qu'il saurait lui faire confiance. Si c'était le cas, Ben et Gareth pouvaient à mon avis devenir de véritables amis.

— C'est juste que… il n'y a toujours eu que maman et moi à la maison, vous voyez, a enfin dit Gareth, tripotant les extrémités de ses manches tandis qu'il parlait. Papa n'a même jamais été sur aucune photo, alors il n'y a vraiment que nous deux. Et je suis tout, pour elle. La chose la plus importante au monde, comme elle dit.

— J'ai effectivement eu cette impression quand nous avons parlé de toi, a acquiescé Ben doucement.

— Et c'est génial, je veux dire, je l'aime aussi ! Bien sûr. Mais être la chose la plus importante au monde pour elle… veut dire qu'elle met tous ses espoirs et tous ses rêves en moi. Elle a toujours voulu que je sois le meilleur – ou au moins que j'essaie, comme elle dit.

— Je vois. Ben n'a rien dit de plus. Il a juste attendu que Gareth remplisse ce silence. C'était une technique intelligente. Je me suis dit que c'était pour ça que les gens parlaient tant aux chats. Quand l'autre personne dans la pièce ne dit rien, les gens se sentent automatiquement obligés de remplir le vide.

Et ça a fonctionné. Maintenant qu'il avait commencé à parler, les mots sortaient de la bouche de Gareth comme d'une fontaine, comme s'il ne pouvait plus les arrêter, même s'il en avait eu envie.

— Elle a toujours tant attendu de moi ! Je ne suis jamais à la hauteur, pour elle. Elle me met tellement la pression. Et puis… Il a baissé les yeux vers la table, et sa main a couru dans ses cheveux gras.

Je me demandais s'il allait finir ce sandwich. Les sardines étaient bonnes, mais le déjeuner était déjà loin, et mon estomac me disait que c'était bientôt l'heure du souper.

— J'ai eu des ennuis à l'école, a continué Gareth. Je veux dire, de très gros ennuis. Pas comme si j'avais oublié de faire mes devoirs deux ou trois fois. Ils m'ont même renvoyé. Et je savais que si je rentrais chez moi, ma mère serait tellement… pas en colère, mais tellement déçue. Et honteuse que j'aie été suspendu. Humiliée par son propre fils. Je ne pouvais pas lui faire ça. Je rentrais de l'école à pied et j'ai réalisé que je voulais continuer à marcher. Je savais que maman serait encore au travail, alors je suis rentré à la maison pour prendre quelques affaires et lui laisser un mot, et puis je suis parti. Et je n'y suis pas retourné.

— Qu'est-ce que tu as fait pour être suspendu ? a demandé Ben. J'étais contente qu'il pose la question, car que je voulais savoir aussi. (Je sais ce qu'on dit des chats et de la curiosité, mais pour être honnête, je n'y crois pas. Et si je devais perdre une de mes neuf vies pour résoudre cette énigme, au moins serais-je morte en satisfaisant ma curiosité.)

— Il y avait ce nouveau garçon, à l'école… Gareth a levé les yeux et a rencontré le regard de Ben. Je pouvais voir une sorte de supplication dans ses yeux. L'espoir que Ben continuerait à être à l'écoute. Qu'il le comprendrait.

— Et d'autres gars de ma classe l'embêtaient. Ce n'est pas qu'ils l'embêtaient, c'était pire que ça.

— Harcèlement ? L'expression de Ben s'est modifiée. J'ai vu qu'il comprenait *exactement* de quoi il s'agissait.

— Ouais. Ils n'appellent pas ça comme ça. Ils disent que c'est juste pour s'amuser.

— Et ce n'est pas ton avis, a deviné Ben.

Gareth a secoué la tête.

— Au début je n'ai rien dit. Tu sais, c'est ce qu'on fait en général. Ça les empêche au moins de t'embêter, toi. Mais après… ça semblait trop injuste. Alors je leur ai dit d'arrêter. Il tirait sur les poignets de ses manches, les mains rentrées à l'intérieur.

J'ai pensé à Anya et aux méchantes filles de son école. J'ai pensé aux chats de gouttière, au sandwich et à la poubelle. Je commençais à aimer ce Gareth.

Il s'était enfui, causant de l'angoisse à sa mère, et c'est vrai qu'il était un peu boudeur et qu'il ne sentait pas très bon. Mais il avait aussi fait de bonnes actions. Il avait essayé d'aider une autre personne.

J'avais moi-même été boudeuse, et j'avais déjà senti mauvais, par le passé. Je ne pouvais pas lui en tenir rigueur.

Mon souper terminé, j'ai sauté du comptoir sur les genoux de Gareth pour offrir mes meilleurs services de ronronnement. Il a d'abord été surpris, mais très vite, il s'est mis à me caresser, comme tout le monde.

J'étais une véritable thérapie à moi toute seule. Tellement mieux que ces balles de relaxation que papa rapportait parfois de ses voyages.

— Ils ne m'ont pas écouté, a continué Gareth, et je pouvais voir à son expression hantée qu'il revivait cet instant dans sa tête. Ils n'arrêtaient pas de se moquer du nouveau, de prendre ses affaires et de les balancer, et puis ils ont commencé à l'attraper. Je ne pouvais plus les regarder sans rien faire. Alors… je les ai obligés à arrêter.

— Et tu t'es fait renvoyer pour une bagarre, a conclu Ben. Et l'école se fichait de savoir que tu l'avais fait pour de bonnes raisons.

— C'est à peu près ça. Gareth a eu un petit sourire surpris. Vous avez tout compris.

— Ils ne comprennent jamais rien, tu sais, a dit Ben. Les écoles, les figures d'autorité… parfois ils sont trop occupés par leurs propres problèmes pour même *remarquer* le contexte dans lequel nous agissons. C'est toujours une affaire de règles plus que de gens, c'est en tout cas mon expérience. Tu as essayé d'aider quelqu'un – peut-être pas de la meilleure manière, parce qu'on arrange rarement les choses par la violence –, mais tu as pris la bonne décision. Ça ne veut peut-être pas dire grand-chose pour les gens de ton école, mais pour moi, ça signifie beaucoup.

— Tu as déjà eu des bagarres, quand tu étais à l'école ? a demandé Gareth avec curiosité. Il avait l'air plus jeune, maintenant que ses secrets avaient été révélés. Plus vulnérable. Comme un chaton qui ne savait pas encore où trouver son bol de nourriture.

Ben avait un petit sourire embarrassé sur le visage. J'ai essayé d'imaginer Ben se battre, mais je n'y suis pas parvenue. Ce n'était pas un violent. Il était du genre à se pelotonner avec un livre et un chat sous le bras. C'est pourquoi sa réponse m'a tant surprise.

— Une ou deux, oui, a admis Ben. Mais la plupart ont eu lieu à la maison. Dans mon cas, c'était mon beau-père, plutôt que d'autres garçons à l'école. Il frappait ma mère. Mais au bout du compte, ça revient au même. Des harceleurs faibles qui s'en prennent à des victimes plus faibles qu'elles.

— Et que s'est-il passé ? a demandé Gareth, les yeux grands ouverts. Avec ton beau-père, je veux dire ?

Ben a incliné sa chaise en arrière, tout en fixant le plafond pendant qu'il parlait.

— Quand je suis devenu assez grand et assez fort, je l'ai frappé moi aussi. Je pensais pouvoir sauver ma mère, la sortir de là, mais… il a secoué la tête. Elle ne voulait pas partir. Elle a dit qu'elle l'aimait toujours. Alors c'est moi qui suis parti. Si j'étais resté… Je ne préfère pas penser à ce qu'il m'aurait fait.

— Tu n'es jamais rentré chez toi ?

Ben a laissé retomber les pieds de sa chaise, et ses yeux se sont de nouveau retrouvés au même niveau que ceux de Gareth.

— Je ne suis jamais rentré chez moi.

Gareth et Ben se sont regardés en silence pendant un long moment. Je les regardais, immobile sur les genoux de Gareth, tout juste capable de voir Ben par-dessus le bord de la table.

Mais dans le calme et le silence de la pièce, mon esprit était tourmenté.

Ils avaient tous les deux quitté la maison par peur – et moi aussi, d'une certaine manière. J'avais tellement peur de ne pas être aussi bonne que Gobi, aussi aventurière que Gobi, aussi importante que Gobi… aussi *aimée* que Gobi, que j'avais fait tout ce chemin jusqu'à l'autre bout du monde pour me prouver que ce n'était pas vrai. Pour prouver à ma famille à quel point je pouvais lui manquer.

Mais ça n'avait pas marché. Après tout, qu'est-ce que je prouvais vraiment, en vérité ? Et qui étais-je pour décider de le prouver ainsi, en laissant ma famille à des milliers de kilomètres de là, et sans nouvelles de moi ?

Je n'étais plus certaine de l'intérêt de tout ça.

Non, ce n'était pas vrai. Mes raisons avaient peut-être changé, mais je savais pourquoi j'étais là, pourquoi j'avais besoin d'explorer le monde par moi-même.

Ce n'était pas seulement pour voir de nouvelles choses ou rencontrer de nouvelles personnes. Il ne s'agissait pas de la distance que j'avais parcourue ou des expériences que j'avais vécues jusque-là. C'était bien ce que je pensais, au début. Mais j'avais beaucoup appris depuis.

C'est le bien que j'avais fait pendant le voyage qui comptait le plus. Ça, et l'amour que j'avais trouvé en chemin.

Je *savais* que j'avais fait de bonnes choses depuis que j'étais en Australie. Je l'avais senti au plus profond de moi, et à travers l'amour reçu par les gens que j'avais aidés. J'avais vu beaucoup plus du monde que depuis le cadre de ma fenêtre, et j'avais appris que ce n'était pas seulement le paysage qui comptait, mais aussi et surtout les êtres vivants qui le peuplaient. Oui, c'étaient les animaux et les gens que j'avais rencontrés en chemin qui comptaient le plus.

Je n'étais plus la Lara qui avait quitté Édimbourg – et de loin. J'avais déjà été Cleo, Chance, Puss et Elizabeth depuis, aussi comment aurais-je pu rester la même ?

Mais je savais qu'au fond de moi, j'étais aussi toujours Lara. J'étais toujours le bébé de papa, toujours la sœur de Gobi. Toujours le chat d'intérieur qui poursuivait les papillons dans le jardin et qui s'endormait la queue sur le dos de Gobi.

Toujours le chat à qui sa famille manquait quand elle n'était plus là.

J'aimais toutes les personnes que j'avais rencontrées dans mon aventure, et je ne regretterais jamais d'avoir partagé un bout de leur vie.

Mais elles n'étaient pas ma famille. Personne ne pouvait prendre sa place.

Puis, après un silence, Gareth a prononcé des mots qui devaient résonner longtemps dans mon esprit.

— Je veux rentrer chez moi, a-t-il dit, la voix faible et perdue.

Ben a hoché la tête, juste une fois.

— Alors je vais t'aider, a-t-il dit.

Un grand vide a commencé à naître en moi, en même temps qu'un sourire soulagé se répandait sur le visage de Gareth.

Moi aussi, je *veux rentrer chez moi*, ai-je pensé. Mais comment ?

Et surtout, qui allait m'aider, *moi* ?

Gobi

Finalement – après encore quelques passages chez le vétérinaire pour plus de paperasse, de chèques et de frustration –, j'ai été autorisée à voyager en Australie. J'étais soulagée – je voulais ramener Lara à la maison avant tout –, mais aussi nerveuse. Mon dernier voyage dans la soute d'un avion avait été pénible, et ce n'était pas une expérience que je voulais répéter, si ce n'était pour secourir Lara.

— Tu es sûre qu'on fait le bon choix ? a demandé Dion, tandis qu'ils triaient mes provisions et se préparaient pour le long voyage. Il n'est pas trop tard pour que Gobi reste en Grande-Bretagne.

Bien sûr qu'il était trop tard. J'allais y aller, un point c'est tout.

J'ai aboyé pour la reprendre, et Lucja a ri.

— Pour ma part, je ne sais pas, a-t-elle admis. Mais je crois que Gobi à sa petite idée sur la question.

Tout juste. Je me suis de nouveau installée à côté de mon porteur, pour bien montrer que j'étais prête à partir à tout moment.

Il a donc bientôt été temps de reprendre le ferry pour la France, pour y prendre un autre avion. Dion et Lucja avaient décidé qu'ils ne voulaient pas que je me sépare d'eux plus que nécessaire, et j'ai accepté (qu'ils le sachent ou pas). Ce serait donc le même voyage que celui que nous avions fait avec Lara la dernière fois, mais de Paris à l'Australie, en passant par Singapour pour une escale, où je serais transportée de la cabine d'un avion à la soute de l'autre.

Au moins, la partie où je serais dans la soute était plus courte que celle où je serais dans la cabine. Dion me l'avait expliqué en détail, tout en s'excusant encore une fois de devoir me l'imposer.

— Certaines personnes, entreprises et pays ne comprennent tout simplement pas à quel point les animaux sont importants, m'avait-il dit.

Lucja nous avait alors embrassés tous les deux.

En plus de faire mes valises et de se préparer pour le voyage, Dion avait passé la semaine précédente au téléphone avec des contacts en Australie, ainsi qu'à envoyer des courriers et à discuter dans des forums, essayant de retrouver l'insaisissable Jennifer. Jusqu'à présent, il n'avait pas eu de chance, mais il disait que l'intérêt pour notre histoire grandissait là-bas, ce qui ne pouvait que nous aider. Plus il y avait de gens qui connaissent Lara et qui la recherchaient, mieux c'était. Et maintenant, nous avions davantage d'informations à partager avec eux que la simple description d'un « chat ragdoll disparu », ce qui était quand même assez mince.

— J'ai déjà pu obtenir quelques annonces à la télé et à la radio locale, a-t-il dit à Lucja alors qu'ils finissaient de faire leurs valises, la veille de notre départ pour le ferry. Ça pourrait nous aider à attirer l'attention de Jennifer.

— Ou même l'attention de quelqu'un qui la connaît ou qui connaît sa famille, a ajouté Lucja. Souviens-toi, une seule personne peut suffire.

C'était notre mantra depuis quelque temps. Il fallait qu'une seule personne puisse voir notre message au bon moment. Cette personne en contacterait une autre, qui en contacterait une autre, jusqu'à ce que Lara soit retrouvée et que nous puissions la ramener à la maison. Et si nous devions parler à cent, à mille, à un million de personnes avant de trouver cette seule personne, alors nous le ferions.

Ou plutôt, Dion et Lucja le feraient. Moi, je pouvais aboyer. Ils disaient que les aboiements pouvaient aider, eux aussi.

— Il est presque l'heure d'y aller, a dit Dion alors qu'ils plaçaient leurs derniers articles dans les sacs. Je n'arrêtais pas de me rappeler comment Lara s'était cachée dans les valises à chaque fois que nous nous étions préparés à partir. Je n'ai pas vu sa fourrure sauter d'une pile de vêtements à une autre, cette fois-ci.

— Elle sera bientôt de retour à la maison, a dit Lucja, et je savais qu'elle pensait à la même chose que moi.

Nous étions tous nerveux. C'était palpable.

L'aéroport de Paris – celui où nous avions perdu Lara – était bondé le jour où nous avons embarqué pour Singapour. Nous avons dû fendre la foule pour nous rendre au comptoir d'enregistrement, puis patienter dans la file d'attente avant de franchir les contrôles de sécurité et d'être réintroduits dans le terminal. Je n'avais jamais vu autant de gens essayer de voyager en même temps.

Pas étonnant que l'autre chat – Cleo, je m'en souvenais, maintenant – ait pu se cacher dans l'aéroport pendant si longtemps. Il y avait tellement de gens, tellement de cachettes possibles, qu'il était facile pour une petite chatte de disparaître si elle ne voulait pas qu'on la retrouve.

Et c'était juste dans un aéroport. À quel point serait-il difficile de trouver un chat dans un pays tout entier ?

J'ai secoué la tête. Je ne pouvais pas penser comme ça. Nous devions rester positifs, avait dit Dion. Nous avions besoin de croire en nos chances.

Pourtant, le fourmillement des gens autour de moi nous rendait tous nerveux.

Dion m'a gardée près de lui dans mon harnais, la laisse serrée autour de son poing. Lucja ne l'a pas quitté non plus. Nous n'étions que trop conscients de la facilité avec laquelle il était possible de se perdre dans un endroit comme celui-ci.

Mais pas cette fois-ci. Cette fois, nous ramènerions Lara à la maison sans perdre personne d'autre. J'étais pleine d'espoir.

— Excusez-moi, mais est-ce Gobi ? Une femme nous a arrêtés juste après le contrôle de sécurité, s'accroupissant à côté de moi pour me faire une caresse. Je reconnaîtrais ce joli minois n'importe où !

La femme a discuté avec Dion et Lucja pendant un moment, parlant du livre, de la façon dont elle avait suivi notre histoire – et disant combien elle avait été désolée d'apprendre pour Lara. Il semblait que les gens parlaient partout de ma sœur disparue. Mais ce n'étaient pas les bonnes personnes. Pas encore.

Dion lui a fait un sourire tendu.

— Nous sommes ici pour partir à sa recherche, justement.

Le visage de la femme s'est illuminé.

— Oh ! Alors vous l'avez retrouvée ? Vous savez où elle est ? C'est merveilleux !

— Disons que nous réduisons la liste des pays, a répondu Lucja.

— Comme c'est brillant, a dit la femme, paraissant soulagée. J'étais si inquiète pour elle. Alors ? Où est-elle ?

Dion et Lucja ont partagé un regard, comme s'ils réalisaient enfin à quel point tout cela semblait fou.

— Quelque part en Australie, a admis Dion, et le visage de la femme s'est refermé. Je savais qu'elle avait compris.

— Quelque part en… hum, très bien. Bonne chance à vous. J'espère vraiment que vous la trouverez.

D'après son ton, elle ne s'attendait pas réellement à ce que nous réussissions.

Eh bien. On n'avait plus qu'à lui prouver qu'elle avait tort. À elle et à tous ceux qui pensaient que Lara ne rentrerait jamais à la maison.

Ma sœur ne pouvait pas vouloir me quitter. Pas pour toujours. J'étais certaine de ça.

On devait seulement la trouver. Même Cleo avait fini par être retrouvée dans l'aéroport. Pourquoi aurait-il été impossible de retrouver Lara ?

L'Australie n'était pas si grande que ça, pas vrai ?

17

Gareth a passé la nuit sur le canapé, à l'étage, mais pas avant d'avoir dévoré trois autres sandwichs et un demi-paquet de biscuits. J'ai dormi sur mon fauteuil, gardant un œil sur la porte d'entrée. On avait sauvé Gareth de la rue, je ne voulais pas risquer qu'il lui arrive quoi que ce soit d'autre.

Cette nuit-là, j'ai rêvé que Gareth et moi étions dans la rue ensemble – sans abri et affamés, aucun de nous n'ayant nulle part où aller. Partout où nous allions, les gens nous mettaient dehors. Les portes automatiques ne s'ouvraient pas pour nous. Les chats de gouttière nous pourchassaient, et des arbres sont tombés autour de nous alors que nous courions dans une forêt pour leur échapper. Mais nous étions là l'un pour l'autre.

Je me demandais si Gareth rêvait, ou s'il était tellement épuisé et soulagé d'avoir un lit pour la nuit (même si c'était un canapé) qu'il dormait d'un sommeil sans rêves.

S'il avait effectivement rêvé, il n'en avait rien dit à son réveil.

Le lendemain matin, alors que Gareth mangeait un grand bol de céréales dans la cuisine, Ben a appelé Pollie et lui a demandé de le rejoindre au café en bas de la route. Il a dit qu'il pourrait avoir des nouvelles de Gareth, ce qui m'a semblé à la limite du mensonge. Mais je suppose qu'il voulait garder toutes les options de Gareth ouvertes, au cas où quelque chose tournerait mal. Ou peut-être ne voulait-il pas décevoir Pollie si Gareth changeait d'avis d'ici là.

— Où est-ce qu'on va ? Gareth a posé sa cuillère pendant que Ben haussait les épaules à travers sa veste.

— Pas nous, a expliqué Ben, mettant son portefeuille et ses clés dans ses poches. Je pars seul. Je vais aller parler à ta mère, lui dire tout ce que tu m'as raconté et préparer le terrain. Ensuite, je l'amènerai ici pour que vous puissiez vous réconcilier.

— Qu'est-ce que je vais faire pendant que tu parles à maman ? Gareth se mordait lèvre inférieure et commençait déjà à tortiller la cuillère entre ses doigts.

Il commençait à se sentir nerveux. Si c'était pour se trémousser et remuer pendant l'heure suivante, j'aimais autant qu'il parte avec Ben. Il ne tenait pas en place, pire que Gobi ! Comment étais-je censée m'installer s'il n'arrêtait pas de bouger les genoux comme ça ?

Ben a pris un livre dans la pile la plus proche – d'une manière ou d'une autre, ces derniers avaient pénétré toutes les pièces de l'appartement – et le lui a tendu.

— Lis un livre. Nourris Elizabeth. Mange un peu plus de céréales. Je ne serai pas long.

— Mais…

— C'est une librairie, Gareth. Je suis sûr que vous trouvera *quelque chose* ici pour t'occuper. Si tu n'y arrives pas, tu peux trier les livres par ordre alphabétique.

Ben est parti sur ces mots.

Gareth et moi nous sommes regardés.

— Je suppose que tu n'aimes pas les céréales, pas vrai ? a-t-il demandé.

Je l'ai regardé avec une moue désapprobatrice, qu'il a semblé comprendre, car il a fouillé dans l'armoire jusqu'à ce qu'il me trouve un paquet de nourriture pour chat. Ce n'était pas des sardines, mais ça irait. Je me tenais sur le comptoir à côté du bol et je le surveillais pendant qu'il me servait. Puis je me suis jetée sur ma gamelle pendant qu'il se préparait un troisième bol de céréales.

Une fois notre repas terminé, nous avons monté la garde depuis le fauteuil, surveillant par la fenêtre le retour de Ben et de Pollie. J'ai essayé de m'asseoir sur les genoux de Gareth pour le calmer (et pour avoir quelques caresses, évidemment), mais ses genoux bougeaient trop, alors je me suis déplacée sur le bras du fauteuil.

Gareth a pris le livre que Ben lui avait tendu, mais je pouvais voir qu'il n'avait pas l'air intéressé. J'ai deviné qu'il pensait à ce que dirait sa mère. L'accueillerait-elle à nouveau à la maison après qu'il s'était enfui comme ça, sans dire un mot ?

Soudain, j'ai réalisé que ma queue battait l'air, et qu'une de mes pattes s'agitait aussi.

Je n'avais même pas pensé à ce que *ma* mère et *mon* père avaient pu penser de ma fuite. Ou même Jennifer, d'ailleurs. Je m'étais enfuie, comme Gareth l'avait fait. J'avais supposé que ça ne ferait de différence pour personne. J'avais prévu de revenir, bien sûr – après ma grande aventure. Mais je n'y avais pas beaucoup réfléchi, à dire la vérité. Jusqu'à ce que je rencontre Gareth.

Seraient-ils fâchés ? Est-ce qu'ils refuseraient de me laisser rentrer parce qu'ils étaient trop en colère ? Ou bien est-ce qu'ils m'auraient oublié, tout simplement ?

J'ai pensé à la fois où papa et moi avons eu notre plus grosse dispute. (Pour ma défense, il avait essayé de me brosser à l'époque, et *il sait très bien* que je ne peux pas le supporter trop longtemps.) Il m'en avait tellement voulu qu'il ne m'avait pas adressé la parole pendant deux semaines. Finalement, maman était intervenue et nous avait forcés à nous réconcilier. Autrement, on ne se parlerait peut-être toujours pas.

Ce n'était rien qu'une petite morsure. À quel point serait-il fâché que je me sois enfuie pour courir le monde sans même un au revoir ?

Et qu'en était-il de Gobi ? Avait-elle pris ma place dans la famille, puisque je n'étais plus là pour la défendre ? Elle était sans doute contente de manger *toutes* les crevettes, ainsi que ces stupides biscuits pour chien qui me rendaient malade. Elle devait recevoir toutes les caresses et toute l'attention. Elle devait être *ravie* que je ne sois pas là. J'en étais sûre.

Ou bien étaient-ils… dans le même état que Pollie ? Je n'y avais jamais vraiment pensé avant. Et si c'était le cas ? Et si je leur manquais ? Et s'ils se faisaient du souci pour moi ? Qu'ils étaient incapables de dormir à cause de l'inquiétude ?

Je voulais presque ne pas le savoir. Mais je savais aussi que j'allais devoir tirer ça au clair. Cela faisait partie de mon aventure.

J'avais toujours prévu de rentrer chez moi, et je sentais maintenant que l'heure approchait. Mais pas avant d'avoir fini mon travail ici, avec Ben et Gareth.

J'avais des problèmes à résoudre. En commençant par réconcilier Pollie et Gareth, si je le pouvais.

Soudain, Gareth s'est secoué et s'est assis, le dos rigide, son bras manquant de me faire tomber de mon perchoir. Il s'est levé en trottinant vers la fenêtre et a touché la vitre du bout des doigts.

J'ai suivi son regard par la fenêtre. Ah, bien sûr. Là, descendant la rue vers nous, se trouvaient Ben et Pollie. Il était temps de retourner au travail.

J'ai sauté de la chaise et j'ai attendu que Ben ouvre la porte. Une Pollie reniflante est entrée – elle avait manifestement pleuré au café. (J'étais contente d'avoir manqué cette partie.) Sauf qu'elle a vu Gareth et a de nouveau éclaté en sanglots.

— Ma-man, a-t-il bégayé, l'air gêné par les larmes lui aussi. Mais il s'est approché d'elle et, en un instant, elle le serrait dans ses bras comme si elle avait peur qu'il ne s'enfuie à nouveau.

— Je vais aller faire bouillir de l'eau pour le thé, a dit Ben en détournant le regard. Mais Pollie ne lui prêtait aucune attention de toute façon.

— Oh mon garçon ! Mon chéri ! Comment peux-tu penser que je t'en voudrais d'avoir défendu un camarade ? a-t-elle demandé entre deux baisers sur les cheveux de son fils.

Gareth, pour sa part, a pris la remarque de façon stoïque, à part l'air mortifié sur son visage. J'ai appuyé brièvement sur sa jambe par solidarité, avant de monter sur le comptoir pour mieux voir l'action.

— Pour être honnête, c'était pour le renvoi que je pensais que tu serais en colère, pas pour le reste. Gareth a haussé les épaules. C'est inscrit dans mon dossier, maintenant. Et tu as toujours dit que le dossier était ce que les universités regarderaient en premier, alors j'ai peut-être ruiné mes chances de…

— Arrête, ce n'est rien. Pollie s'est reculée, le tenant à bout de bras, bien que ses mains l'agrippent toujours fermement par les épaules. J'avais le sentiment qu'elle ne le laisserait pas partir avant un moment. Que les choses soient claires, mon garçon. Est-ce que je veux que tu ailles à l'université ? Oui, parce que je veux que tu aies les mêmes chances que moi. Est-ce que je veux que tu réussisses ta vie ? Bien sûr, parce que toutes les mères veulent ça pour leur enfant. Mais est-ce que ce sont les choses les plus importantes pour moi ? Pas du tout. Vraiment pas du tout. Tu comprends ?

Gareth s'est mordu la lèvre inférieure, les yeux soudain incertains.

— Alors… tu n'es pas en colère ?

— En colère ? Pollie a secoué la tête et a ri tout bas. Gareth, c'est tout le contraire.

— Parce que tu es soulagée que je rentre à la maison, a deviné Gareth, semblant un peu plus à l'aise.

Mais Pollie a secoué la tête.

— Bien sûr que je suis soulagée de t'avoir retrouvé. Je suis seulement folle de rage que tu aies cru que tu ne pouvais pas m'en parler, et que je ne pourrais pas te comprendre. Je suis si heureuse que je pourrais pleurer en pensant que tu vas revenir à la maison avec moi ce soir.

Ça faisait beaucoup d'émotions pour moi. Personnellement, j'étais plus à l'aise avec les « j'ai faim » ou « j'ai bien mangé », qui constituaient ma gamme émotionnelle quotidienne.

— Mais plus que tout, ce qui m'importe en ce moment, c'est que tu comprennes une chose très importante, a poursuivi Pollie.

— Quoi ? Qu'est-ce que c'est ? a demandé Gareth, semblant soudain déboussolé.

Pollie lui a fait un petit sourire, et sa tête s'est penchée un peu sur la gauche. Gareth était en fait un tout petit peu plus grand qu'elle, je m'en suis rendu compte à ce moment-là, et elle devait presque lever la tête pour le regarder dans les yeux.

— Sais-tu ce qui importe le plus dans ta vie et dans tes choix, dans la personne que tu vas devenir en grandissant ?

Gareth a secoué la tête.

— C'est ça que j'ai besoin que tu comprennes. Elle l'a regardé droit dans les yeux pour qu'il ne manque rien de ce qu'elle avait à lui dire. Je les regardais tous les deux moi aussi, ravie. Ce que je veux le plus au monde, Gareth, c'est que tu sois heureux. Je veux que tu te sentes aimé, et bien aimé. Et au-delà de toutes ces choses, je souhaite que tu grandisses dans la gentillesse et l'honnêteté. Que tu sois quelqu'un qui fasse ce qu'il faut, quand il le faut, quel qu'en soit le prix. Et d'après ce que m'a dit Ben… c'est *exactement* la personne que tu étais quand tu t'es battu. D'accord ?

— O-oui, maman. Gareth lui a fait un sourire larmoyant. Je pouvais voir ses yeux briller de larmes, maintenant. J'ai cligné des yeux rapidement. Non pas que j'aie été émue. C'était probablement toute cette poussière ambiante.

— Alors, tu penses que tu veux rentrer à la maison maintenant ? a demandé Pollie.

Gareth s'est à nouveau jeté dans ses bras.

— Oui, j'en suis sûr. Tu m'as manqué, maman.

— Oh, mon adorable garçon, a dit Pollie, tout doucement. Tu m'as manqué aussi.

Tout était bien qui finissait bien. Clignant des yeux à cause d'un ultime grain de poussière, je suis allé chercher Ben dans la cuisine, pour voir s'il ne voulait pas me donner un petit en-cas.

*

Pollie et Gareth nous ont rejoints dans la cuisine, au moment où je terminais mon goûter du milieu de matinée. Ils avaient tous les deux des cernes rouges autour des yeux, mais ils souriaient, alors j'espérais que les choses étaient arrangées, maintenant.

— Tout va comme vous voulez ? a demandé Ben en levant les yeux vers son livre. Il était assis à table, une cheville reposant sur son genou, l'air parfaitement détendu – mais j'avais remarqué qu'il n'avait pas tourné une seule page de tout le temps où j'avais mangé.

Je pense qu'il était aussi investi que moi pour aider les gens. Surtout Pollie.

— Tout va bien. Pollie a enroulé un bras autour de l'épaule de Gareth et l'a rapproché d'elle. Nous avons réglé beaucoup de choses. Il y en a d'autres à régler, j'en suis sûre, mais… nous nous comprenons mieux maintenant, n'est-ce pas Gareth ?

Gareth a hoché la tête.

— Je voulais vous dire, enfin… vous savez… merci, quoi.

Pollie a levé les yeux au ciel.

— Ce que mon fils essaie de vous dire, c'est que…, elle a alors lâché Gareth et a traversé la pièce pour rejoindre Ben, et l'a serré dans ses bras – assez fort, vu la manière dont ses yeux se sont écarquillés. Nous vous devons beaucoup. Je ne sais pas ce qui serait arrivé si vous n'aviez pas… Je ne veux même pas y penser. Alors, merci. Du fond du cœur, merci.

— J'ai été, euh… heureux d'aider. Ben, mal à l'aise, s'est raclé la gorge.

Je me suis assise et je l'ai regardé caresser timidement le dos de Pollie, mais sans faire aucun effort réel pour se libérer de son étreinte enthousiaste. En fait, j'étais presque sûre qu'il *aimait* que Pollie soit ainsi pendue à son cou.

Ce qui était intéressant.

J'avais pensé que mon travail ici était terminé, maintenant que Pollie et Gareth étaient réunis et s'étaient réconciliés. Mais je me demandais maintenant s'il ne me restait pas une dernière tâche à accomplir avant de m'en aller. Trouver quelqu'un pour tenir compagnie à Ben, après mon départ.

J'avais relancé sa librairie – et j'étais sûre que maintenant, ses clients continueraient à venir même sans que je sois là. Mais qui lui tiendrait compagnie le reste du temps, une fois que je ne serais plus là ?

J'ai pensé que Pollie et Gareth étaient un choix judicieux.

J'ai jeté un coup d'œil à Gareth, mais l'adolescent levait les yeux au ciel, comme gêné par le comportement de sa mère. Clairement, si je voulais réunir Ben et Pollie, j'allais devoir compter sur ma seule bonne volonté.

Ben a commencé à s'écarter un peu, et j'ai plongé pour intervenir. En m'enroulant autour de leurs deux jambes tour à tour, ma queue autour de la cheville de Ben tandis que ma tête frôlait le mollet de Pollie, j'ai réussi à les maintenir debout l'un contre l'autre, ne serait-ce que pour éviter qu'ils me marchent dessus.

Pollie a ri.

— On dirait que quelqu'un d'autre veut participer aux remerciements !

Ben a fait un pas prudent vers l'arrière, manquant de peu ma queue.

— En fait, c'est probablement Elizabeth que vous devriez remercier. C'est elle qui a trouvé Gareth, après tout.

— Alors, merci, Elizabeth, Pollie s'est baissée pour me caresser convenablement. Je passerai te chercher des friandises, qu'en dis-tu ? Tu aimes les crevettes ?

Mes oreilles se sont dressées et j'ai commencé à ronronner avec enthousiasme.

Ben a ri.

— Je n'ai pas encore essayé les crevettes, mais je pense qu'elles auront du succès.

Pollie s'est redressée.

— Ça, c'était pour Elizabeth. Mais je vous dois aussi quelque chose.

— Oh, non, vraiment, vous n'avez pas à... Ben bégayait, jusqu'à ce que Gareth l'interrompe, le sortant de son embarras.

— Tu devrais l'inviter à dîner, maman. J'ai sauté sur le comptoir à côté de Gareth pour montrer mon approbation de cette idée. Le garçon avait décidé d'aider après tout ! Un bon point pour lui !

— Quelle bonne idée, Gareth, a dit Pollie en souriant à Ben. Qu'en dites-vous ? Disons vendredi soir prochain ?

Un peu choqué, Ben a acquiescé.

— Ce sera parfait. Je vous remercie.

J'ai ronronné. Apparemment, ça allait être plus facile que je ne l'espérais !

18

Vendredi soir a semblé mettre une éternité à arriver – pour nous tous.

Dans l'intervalle, Gareth semblait être devenu l'assistant non officiel de Ben à la librairie. J'imaginais que ce n'était qu'une question de temps avant que cela ne devienne un poste rémunéré. Apparemment, bien que lui et Pollie aient réglé leurs différends, il avait été décidé qu'un peu de distance ne leur ferait pas de mal. Ben avait dit, au cours d'une de nos discussions autour d'un sandwich, que c'était un truc d'adolescent, et qu'en plus, avec tous les clients supplémentaires que j'amenais, il avait réellement besoin de cette aide. Je n'étais pas certaine que ce soit vrai, mais Pollie devait se sentir plus sereine à savoir Gareth au magasin, plutôt que dans la rue. Et ça faisait de la compagnie à Ben.

De plus, j'appréciais le compliment. Pour les clients.

La plupart du temps, Ben donnait des livres à ranger à Gareth – et une sorte d'ordre semblait commencer à émerger du chaos des piles et des tas. Il n'était pas aussi accueillant que moi – il avait toujours tendance à marmonner sans trop sourire –, mais il était capable de faire fonctionner la caisse et de parler aux humains, ce qui lui donnait un avantage certain. Et un petit nombre d'adolescentes que je n'avais jamais vues auparavant avaient commencé à fréquenter le magasin depuis qu'il était là.

Je ne lui en voulais pas de me voler la vedette. Je partais bientôt, et il était bon de savoir qu'il y aurait quelqu'un pour aider Ben à faire prospérer le bon travail que j'avais effectué ici.

Je ne l'autorisais pas à s'immiscer dans mon espace de sommeil, cependant. Ou, comme on l'appelait, la section des enfants.

— Comment c'est arrivé ici ? J'ai levé les yeux quand Gareth, battant la poussière des coussins, a sorti mon exemplaire de *Finding Gobi*, qui était resté coincé sous l'un d'entre eux.

— Mets-le sur le comptoir pour l'instant, a conseillé Ben, qui ouvrait un nouveau carton de livres. (Oui, plus de livres. Comme si cette boutique en avait besoin.)

Je regardais la couverture que j'avais câlinée tous les soirs depuis mon arrivée se frayer un chemin à travers les poussières de la librairie et atterrir sur le comptoir.

— Il y a plein d'autres livres ici, a gémi Gareth. Et je vais devoir *tous* les trier.

— Nous sommes dans une librairie, a dit Ben doucement. C'est assez naturel qu'il y ait des livres, après tout.

Pendant qu'ils étaient tous les deux distraits par leurs tâches, je suis montée sur le comptoir et j'ai tiré mon livre avec moi, le traînant jusqu'au fauteuil en le poussant avec le dessous de ma patte. De cette façon, je pourrais le récupérer à l'heure du coucher, quoi que Gareth ait pu faire d'autre dans le coin des enfants.

Ce n'est pas que je ne *pouvais pas* dormir sans ce petit rappel de la maison. Je m'y étais habituée, voilà tout. Et il avait été tant lu et si bien usé qu'il faisait en vérité un très bon oreiller.

— Pourquoi tu as une section pour enfants ? a demandé Gareth, déplaçant les coussins pour récupérer les nombreux livres tombés ou jetés un peu partout par des nourrissons récalcitrants. Une fois mon livre en sécurité, je me suis couchée dessus pour le protéger, tout en prenant soin d'éviter les coussins volants.

— Et les livres pour enfants ? a dit Ben depuis l'arrière de la caisse.

— Oui, mais tu *n'aimes pas* les enfants, a répondu Gareth.

Ben a froncé les sourcils.

— Qu'est-ce qui te fait dire ça ?

Montrant la feuille que j'avais vue le premier jour, Gareth a lu les mots que je n'étais pas parvenue à déchiffrer. « *Tous les enfants laissés sans surveillance seront nourris avec beaucoup de sucre, encouragés à lire des livres situés au-delà de leur tranche d'âge, et amenés à croire que les seuls parents aimants sont ceux qui font beaucoup de cadeaux.* »

— Personnellement, je pense que cela montre que j'aime beaucoup plus les enfants que les adultes, a dit Ben sur un ton très sérieux. Mais je pouvais le voir cacher un sourire.

J'étais contente de voir qu'ils s'entendaient si bien tous les deux. Même si j'espérais surtout que les choses allaient bien se passer entre Ben et Pollie pour leur rendez-vous, j'espérais tout autant que Ben resterait dans la vie de Gareth en tant qu'ami, sinon en tant que père. Ils étaient bons l'un pour l'autre. Mais en parlant de la date… vendredi soir était finalement arrivé, et il était temps de se concentrer sur la vie amoureuse de Ben, plutôt que sur sa librairie.

— Tu vas vraiment porter ça ? a demandé Gareth, soudain incrédule.

J'ai levé les yeux de ma chaise pour voir Ben descendre les escaliers avec une veste marron que je ne l'avais jamais vu porter auparavant, une chemise rouge foncé et une cravate à motifs bruns et rouges. Il avait l'air… pas bien habillé à proprement parler, mais plutôt… comme s'il avait fait un effort. Ce devait être le cas, je suppose.

— Qu'est-ce qui ne va pas ? Ben s'est observé d'en haut.

— C'est juste un peu… marron, a répondu Gareth.

En sautant sur le comptoir du magasin, j'ai pu voir le plein effet de la tenue. Si l'on combinait le pantalon marron, les cheveux bruns de Ben et ses yeux chocolat, il y avait en effet un problème. Gareth avait raison. En fait, Ben commençait à ressembler à ces horribles boîtes de nourriture pour chat que j'avais dû manger chez Anya.

Ce n'était pas bon du tout.

J'ai miaulé mon opinion, et Ben a fait une grimace. Évidemment, le message était clair, même si je ne maîtrisais pas encore la parole.

— Très bien. Je vais aller me changer, a-t-il annoncé en soupirant.

Gareth a vérifié sa montre.

— Pas le temps. Enlève juste… la veste et la cravate. Ça va aider. J'étais heureuse de voir que, s'il n'était pas à proprement parler excité, Gareth n'avait pas l'air de s'opposer à ce que Ben et Pollie dînent ensemble. Il donnait même des conseils de mode – bien qu'il ne faille pas être un gourou de la mode pour voir que Ben avait des lacunes dans ce domaine. Non, ce n'était pas le domaine de prédilection de Gareth non plus. Depuis qu'il était rentré chez lui (et qu'il avait probablement accès à tous ses vêtements), je ne l'avais jamais vu avec autre chose qu'un jean et un sweat à capuche.

— Et si elle veut aller dans un endroit chic ? a demandé Ben nerveusement. Tu sais, un de ces restaurants où on te *prête* une cravate si tu n'en as pas.

Gareth a roulé des yeux.

— C'est ma mère. Elle n'a pas eu de rendez-vous depuis quatorze ans. Tu pourrais l'emmener chez McDonald's qu'elle serait ravie. Pauvre Pollie. Elle avait dû vivre des moments difficiles. J'espérais que leur chance à tous allait tourner maintenant que j'étais entrée dans leur vie.

— Mais c'est *elle* qui m'invite, a souligné Ben, jouant nerveusement avec les extrémités de sa cravate. Si c'était pour faire ça toute la soirée, il valait mieux qu'il l'enlève tout de suite. La nervosité ne lui allait pas bien. Pollie était (sans doute) tombée amoureuse de ce Ben calme, pragmatique et sûr de lui, qui avait sereinement réussi à réunir sa famille. Pas de cette boule de nerfs brune.

J'espérais que Gareth pourrait l'aider à se ressaisir avant qu'il parte.

— Encore moins de raisons de s'inquiéter, a dit Gareth d'un air détendu. Vous finirez probablement chez nous avec des plats à emporter. Elle ne sait jamais où elle veut manger, et quand elle se décide enfin, il n'y a plus de tables, et nous finissons à la maison. Ça se passe toujours comme ça.

— Bon, tant mieux. Un froncement de sourcils est apparu sur le front de Ben. Attends. Est-ce qu'elle a parlé de *rendez-vous* ? Apparemment, le reste de la conversation venait à peine d'arriver à son cerveau. Sa nervosité le rendait lent. Ce n'était pas bon signe pour la suite de la soirée.

Cela a également provoqué d'autres yeux au ciel de la part de Gareth. Cette fois-ci, j'étais d'accord avec lui.

— Bien sûr que c'est un *rendez-vous*. Qu'est-ce que tu croyais ?

— Elle a dit un dîner de remerciement… Ben s'est éloigné et a haussé les épaules. Les mots ont un sens, quand même.

Gareth a secoué la tête.

— Vous êtes pires que moi tous les deux. Et j'ai quatorze ans. Au moins, j'ai une excuse pour être nul en amour.

— Ah oui ? Et quelles relations as-tu déjà développées avec des filles – ou des garçons – alors ? a demandé Ben, ses lèvres frémissant d'un petit sourire tandis que ses nerfs s'apaisaient visiblement. Il était redevenu lui-même, taquinant Gareth à propos de trucs d'ados. Quelque chose que je pourrais raconter à ta mère ?

— Certainement pas, a répondu fermement Gareth. D'ailleurs… rien, pour l'instant. S'il m'avait demandé mon avis, je lui aurais prédit que ça resterait le cas tant qu'il n'aurait pas lavé ce satané sweat à capuche.

— Je vais m'efforcer d'améliorer mes compétences sociales avant que tu n'aies besoin de mes conseils, a plaisanté Ben en retirant sa cravate et en laissant sa veste suspendue à l'arrière de mon fauteuil. Ne m'attends pas, Elizabeth. Gareth, pense à fermer avant de partir. Et envoie un texto à ta mère quand tu rentres à la maison – tu sais à quel point elle s'inquiète vite.

— Oui, monsieur. Gareth a esquissé un étrange salut, et Ben est parti à son rendez-vous. Il semblait moins nerveux maintenant que la cravate et la veste avaient été enlevées.

La porte s'est refermée. Gareth m'a observée fixement pendant un long moment, avant de me regarder de haut et de froncer les sourcils.

— C'est moi, ou il a l'intention de s'attacher à nous, finalement ?

C'était très certainement le cas. J'ai ronronné de satisfaction.

Ben et Pollie étaient tous les deux seuls depuis si longtemps. Il me semblait qu'ils méritaient un peu de compagnie. Et leur part de bonheur. J'étais contente d'avoir pu les mettre sur la bonne piste.

— Eh bien. J'imagine qu'on devrait laisser passer leur premier rendez-vous d'abord, a-t-il poursuivi, et je ne savais pas s'il me parlait ou s'il se parlait à lui-même. Mais il y aurait pire beau-père que Ben, j'imagine.

C'était vrai. À mon humble avis, Gareth et Pollie seraient chanceux de l'avoir – et lui, de les avoir eux. J'ai miaulé mon accord enthousiaste.

— Je suppose que ça veut dire sardines. Encore, a soupiré Gareth. Allez, Lizzie. On y va.

Lizzie ? Quel genre de nom était-ce ? Elizabeth était une chose, mais je n'étais pas sûre d'accepter *Lizzie.*

Une chose dont j'étais certaine, c'est que Ben, Pollie et Gareth avaient une belle chance ici. Une chance qu'ils avaient tous cherchée sans le savoir.

La chance de devenir une famille.

Pollie et Gareth avaient été leur propre petite unité familiale toute leur vie, mais je pensais que l'expansion pouvait être une bonne chose pour eux. Ben était une personne calme et compréhensive qui pouvait les aider à réparer leur relation après la fuite de Gareth. Et quand Gareth serait prêt à déménager pour de bon – lui et Pollie avaient tous les deux dit qu'il allait à l'université, après tout –, alors il ne laisserait pas sa mère seule.

Ils avaient encore un long chemin à parcourir, c'était certain. Mais j'avais le sentiment que tout allait finir par s'arranger pour eux.

Ils me laisseraient d'ailleurs sans doute rester aussi. En fait, j'étais certaine qu'ils le feraient. Je faisais aussi partie de la famille, d'une certaine manière. C'était bien moi qui les avais réunis, après tout.

Mais je savais que je n'avais pas ma place ici – ni dans cette librairie, ni même en Australie.

J'avais réalisé mon aventure. J'avais voyagé dans de nouveaux endroits, rencontré de nouvelles personnes, vécu de nouvelles expériences… et surtout, j'avais aidé des gens.

Si mes aventures m'avaient appris quelque chose, c'est que les gens qui nous aiment sont les choses les plus importantes au monde.

Maman, papa et Gobi m'aimaient – ou m'avaient aimé. Et j'espérais que c'était encore le cas.

Mon travail ici était terminé et il était temps de rentrer chez moi et de m'en assurer.

Mais comment ?

Tandis que je dévorais mes sardines, mes pensées se sont tournées vers Jennifer. C'était la première nouvelle personne humaine que j'avais rencontrée dans mon aventure, et en y repensant, je savais que je n'étais plus le même chat qu'avant de la connaître.

Jennifer m'avait aidée à m'échapper, m'avait emmenée, même après avoir réalisé que je n'étais pas Cleo. Elle avait demandé les faveurs d'une amie pour m'aider à voyager en toute sécurité – chose dont je n'avais pu apprécier toute la valeur à l'époque. Elle m'avait emmenée chez sa fille, sachant qu'ils ne voulaient pas de moi là-bas, puis m'avait emmenée explorer la ville.

Elle avait eu besoin de moi pour avoir de la compagnie et du soutien, et peut-être quelqu'un à qui parler. Comme Anya et Ben.

Mais je ne l'avais pas vu, alors. Je n'avais pas compris. Je l'avais seulement considérée comme un moyen d'arriver à mes fins – réaliser ma grande aventure.

Maintenant, je comprenais ce que papa voulait dire quand il disait que Gobi l'avait aidé à traverser les moments difficiles de sa course. Le soutien et la compagnie qu'un animal peut apporter à un humain. Avant de m'enfuir, j'avais pensé que c'était l'inverse – que j'avais besoin des humains pour me nourrir et prendre soin de moi. Je les avais remboursés en ronronnements et en caresses, mais je n'avais pas pensé que ça irait plus loin.

Je savais maintenant que mes aventures ne comptaient pas pour les endroits où j'avais voyagé, ni pour les choses que j'avais vues, mais pour les gens que j'avais rencontrés et les vies que j'avais changées.

J'avais donné à Ben, Pollie, Gareth, Anya, Harry et même Jennifer plus qu'un corps chaud en peluche contre lequel se pelotonner. Je les avais aidés à trouver ce qu'ils cherchaient dans la vie. Sauf Jennifer.

Elle cherchait l'endroit parfait pour que son mari repose enfin en paix. Et je n'étais pas restée assez longtemps pour l'aider à le découvrir. Pour la remercier de tout ce qu'elle avait fait pour moi.

Elle m'avait fait découvrir le monde – même si c'était au bout d'un harnais.

Maintenant, j'avais besoin de l'aider aussi. Au moins, je ne pouvais pas la laisser rentrer seule.

Depuis combien de temps étais-je en Australie ? Trop longtemps, peut-être. Peut-être que Jennifer était déjà partie – emportant avec elle mon seul espoir de rentrer à la maison.

Mais si elle était toujours là…

Il était temps de partir. De rentrer à la maison, enfin.

Alors, après une dernière bouchée de sardines, je me suis préparée à dire au revoir à la librairie de Ben – et à la famille que j'y avais trouvée – pour toujours.

19

Le lendemain matin, j'ai pris un peu plus de temps pour savourer mes allées et venues quotidiennes dans la librairie. Ben sirotait son café et me lisait le journal. Gareth a frappé à la porte peu de temps après l'ouverture pour poser des questions sur le rendez-vous de la veille – puis a déclaré qu'à la réflexion il n'avait pas besoin que Ben lui dise quoi que ce soit. Le sourire de sa mère avait dit tout ce qu'il y avait à savoir.

Le sourire de Ben était plein de secrets et d'espoir. Je l'ai regardé un long moment, pour m'assurer de ne jamais oublier l'expression qu'il avait eue à ce moment-là.

J'ai fait durer mon dernier bol de sardines plus longtemps que d'habitude, puis j'ai fait une petite sieste réparatrice dans mon coin préféré, sur le fauteuil, tandis que Gareth continuait à réorganiser les étagères en criant les titres les plus ridicules au fil de ses découvertes. Il semblait particulièrement heureux de partager ceux de la grande section de livres roses et violets, qui semblaient tous avoir quelque chose à voir avec l'amour. Je me suis dit qu'il le faisait surtout pour le plaisir de voir apparaître ces taches roses sur les joues de Ben.

J'aurais adoré continuer à voir Gareth travailler avec Ben. Par leur travail commun, ils étaient tous les deux en train de redonner vie à l'endroit – finissant le processus que j'avais commencé en attirant de nouveaux clients, et que Ben avait officialisé quand il avait finalement nettoyé ces vitres sales. La librairie avait été dotée d'un nouveau souffle, tout comme son propriétaire donnait un nouveau souffle *à sa propre vie*.

Chaque jour, le magasin ressemblait de plus en plus à ce que j'en avais imaginé le jour de mon arrivée. Il était confortable, accueillant et propre. Un endroit où j'aurais pu rester pour toujours.

Si une partie de moi ne m'attirait pas déjà vers la porte.

Je n'étais pas à ma place ici, même si ça me rendait triste de les quitter tous.

Mais je ne pouvais pas remettre indéfiniment mon départ.

J'ai dit au revoir à Ben et à Gareth à ma manière – en tournant autour de leurs jambes jusqu'à ce qu'ils me caressent un peu.

— Tu es très affectueuse aujourd'hui, Elizabeth, a observé Ben, alors qu'il s'arrêtait entre deux cartons de livres pour me gratter entre les oreilles.

Je n'ai pas répondu. Même si j'avais pu parler humain, je ne pense pas que j'aurais pu trouver les mots. Dire au revoir semblait devenir de plus en plus difficile, à chaque fois que je devais le faire.

Enfin, en jetant un dernier coup d'œil au magasin qui m'avait accueilli ces dernières semaines, je me suis glissée par la porte ouverte sous le soleil de Sydney – comme je l'avais déjà fait tant de fois auparavant.

Mais cette fois-ci, c'était pour toujours.

Il m'a fallu un peu de temps pour retrouver la gare par laquelle j'étais arrivée, des semaines auparavant, mais une fois celle-ci repérée, le reste a été assez simple. Un train est arrivé dans la gare au moment où je franchissais les portes, et il a été facile de monter dans la voiture avec la cohue des passagers. Je me suis cachée dans le porte-bagages et je me suis endormie sur un sac moelleux, jusqu'à ce que je réalise que le train commençait à ralentir. Je n'avais pas besoin de regarder par la fenêtre, maintenant. Je savais où j'allais. À la maison.

Mais à l'approche de la gare, il me fallait quand même vérifier où j'étais. J'ai traversé en bondissant jusqu'au siège le plus proche et j'ai tendu la patte pour m'appuyer contre la fenêtre et regarder au-dehors. (La personne sur les genoux de laquelle je me tenais n'avait pas l'air d'être trop gênée.)

C'était la station de Jennifer ! Celle à laquelle elle m'avait amenée ce premier jour où nous avions exploré la ville ensemble, et celle d'où j'avais pris le train pour me rendre chez Ben. J'espérais m'en être bien souvenue et avoir pris le bon train, mais la confirmation que j'étais sur la bonne voie était très rassurante. Jennifer aurait sans doute parlé de ma bonne étoile.

Descendue du train, je me sentais plus proche de Jennifer à chaque foulée – comme si elle m'attirait à elle. J'ai deviné qu'il devait s'agir de cette aura dont elle parlait tout le temps. Personne d'autre ne semblait y croire, mais peut-être suffisait-il qu'*elle* y croie, elle. Assez pour me ramener à la maison, en tout cas.

Non, pas à la maison. Pas encore. Mais jusqu'à la dernière étape de mon aventure, au moins.

Avant de pouvoir partir à la recherche de papa, maman et Gobi, j'avais encore un peu de travail à faire ici, en Australie, ou au cours du prochain vol.

J'avais besoin d'aider Jennifer, comme j'avais aidé Anya, Harry, Ben, Pollie et Gareth. *Alors* je pourrais rentrer chez moi.

Et j'espérais que Jennifer m'aiderait à y arriver. Si elle était encore là, j'étais presque certaine qu'elle le ferait. Et si elle était partie ? Et si j'arrivais trop tard ?

Je le saurais bientôt. Et plus je me rapprochais, plus j'avais besoin de savoir.

Le doute commençait à grandir dans ma poitrine, comme une boule d'impatience nerveuse, et je commençais à marcher de plus en plus vite. Je ne pouvais pas expliquer le sentiment d'urgence qui m'envahissait, je savais seulement qu'il était là et qu'il fallait que j'aille voir Jennifer dès que possible. J'accélérais plus vite encore, trottinais même, passant devant l'école d'Anya et Harry, devant le magasin où j'avais rencontré les chats de l'allée, devant des arbres et des maisons familiers et d'autres points de repère, jusqu'à courir carrément à travers les rues.

Au moment de tourner au coin de la rue, vers la maison de la fille de Jennifer, j'ai mieux compris pourquoi j'avais senti le besoin de me précipiter. J'arrivais presque trop tard ! Un taxi était garé juste à l'extérieur, déjà chargé de ce que j'ai reconnu comme les sacs et les valises de Jennifer. Elle avait déjà dû rendre la voiture de location. Paniquée, j'ai commencé à courir plus vite que jamais dans ma vie. (L'ultra-marathon de Gobi et papa n'avait rien à m'envier à ce moment-là.)

J'y suis presque. J'y suis presque, n'arrêtais-je pas de me répéter. J'étais allée trop loin pour rater ma dernière chance de rentrer chez moi. Je devais juste continuer à courir…

M'arrêtant derrière le trottoir, j'ai vu la mère et la fille se dire au revoir, cachée derrière un arbuste soigneusement taillé. J'avais réussi. Maintenant, je pouvais reprendre mon souffle un moment avant de me révéler à Jennifer.

— Je pensais vraiment que Chance reviendrait, a dit Jennifer à Kitty sur le pas de la porte. Elle était en larmes. J'étais si sûre qu'elle reviendrait pour prendre ce vol avec moi. La culpabilité a rempli ma poitrine à l'écoute de la détresse qui perçait dans sa voix. Pauvre Jennifer. Je n'avais pas compris les implications de ce que je faisais quand je m'étais enfuie, et tout ça sans l'aider ! Mais maintenant je savais – et j'étais désolée.

— Maman, oublie ce chat, a dit Kitty. D'après son ton et la façon dont ses bras étaient serrés contre sa poitrine, j'ai eu l'impression que Jennifer avait passé beaucoup de temps à dire des choses semblables depuis mon départ. J'imaginais que cette visite avait été assez longue pour toutes les deux. Il se passerait encore probablement plusieurs années avant que ces deux-là répètent l'expérience. Elle ne pouvait de toute façon pas monter avec toi en cabine pour la première partie du vol, tu te souviens ?

— Je sais, je sais, a gémi Jennifer. Mais au moins, j'aurais su qu'elle m'accompagnait dans la soute. Et je l'aurais eue pour me réconforter à l'atterrissage, et pour le prochain vol. Elle va tellement me manquer.

Même à une certaine distance, je pouvais voir Kitty serrer les dents.

— Nous le savons tous. Je pense qu'elle va te manquer plus que nous – ta famille – quand tu seras à l'autre bout du monde.

— Kitty, ce n'est pas vrai. Jennifer a eu l'air blessée pendant une seconde, puis un petit sourire est apparu sur ses lèvres. Et si c'était le cas, ça voudrait seulement dire qu'il faut que je vienne vous voir plus souvent. Pour bâtir ce lien familial entre nous.

Là, elle avait frappé juste.

— Bon, maman, ton taxi t'attend. Tu ne vas pas laisser courir le compteur comme ça, pas vrai ?

Mais soudain, elles ont paru toutes les deux avoir un véritable échange – ou peut-être juste un moment de regret de ne pas avoir profité davantage de leur temps ensemble. Je pouvais le voir au changement de leurs expressions, et dans leur pas, plus lent.

Elles se sont arrêtées juste à côté de la porte du taxi, et Jennifer a posé sa main sur le bras de Kitty.

— Vous me manquerez tous, Kitty, beaucoup, a-t-elle dit en plongeant son regard dans celui de sa fille. Je sais que nous ne sommes pas toujours d'accord sur tout…

— Parfois même sur rien, l'a interrompue Kitty, mais un petit sourire sur ses lèvres adoucissait ses paroles.

Jennifer lui a rendu son sourire.

— Peut-être, oui. Mais ça ne veut pas dire que je t'aime moins. Toi et les enfants – même John, vraiment. Vous êtes la seule famille qu'il me reste. Je vous aime tous et vous allez me manquer terriblement. Même si ça n'en a pas toujours l'air.

À ma grande surprise, Kitty a jeté ses bras autour du cou de sa mère et l'a serrée contre elle.

— Oh, maman. Nous aussi, nous t'aimons. Essaie de revenir nous voir bientôt, d'accord ?

— Peut-être pour Noël ? a dit Jennifer, pleine d'espoir.

— Peut-être, oui. Peut-être l'année prochaine.

— Ce serait vraiment bien. Toutes les deux souriantes, elles ont fait les dernières vérifications de passeports, ainsi qu'un autre câlin d'adieu, en y ajoutant la promesse de s'appeler bientôt. Réalisant que je raterais *vraiment* ma chance de rentrer chez moi si je ne dépêchais pas, j'ai sauté dans le coffre du taxi sans me faire voir, m'enfouissant entre les valises et mon porteur vide.

Il était beaucoup plus facile de dire au revoir en tant que chat, me suis-je dit en attendant que Jennifer entre dans la voiture. La plupart du temps, les humains ne réalisaient même pas que nous partions, ce qui aidait beaucoup. Mais ça voulait aussi dire qu'on n'avait pas droit aux câlins ni à un véritable adieu.

Pour la première fois de ma vie, je commençais à réaliser à quel point cela me manquait. J'aurais au moins aimé pouvoir dire au revoir à Ben et à Gareth.

Finalement, j'ai entendu la porte du taxi s'ouvrir et Jennifer est entrée. Devais-je la rejoindre d'un bond et annoncer ma présence ? Ou bien attendre jusqu'à ce que nous soyons arrivées à l'aéroport ? Je n'étais pas sûre de la marche à suivre. Je ne voulais pas causer un trop grand choc à Jennifer, même si je savais qu'elle serait contente de me voir !

Pendant que je délibérais, le chauffeur de taxi a engagé la conversation.

— En route pour l'aéroport ? Vous partez en vacances ? a-t-il demandé aimablement.

J'ai sorti ma tête depuis l'arrière de la valise la plus proche, juste assez pour voir Jennifer secouer la tête sur le siège arrière.

— Non, je rentre plutôt chez moi.

— Ah, d'accord. Vous avez fait bon voyage ? Je pouvais voir les yeux du chauffeur dans le miroir, son regard passant de la route à sa passagère. Je me suis bien mêlée aux affaires pour qu'il ne me repère pas.

— La plupart du temps, oui, a répondu Jennifer en soupirant. J'ai pu voir toutes sortes de curiosités, explorer la ville. Et j'ai passé beaucoup de temps avec ma famille. Elle a soupiré de nouveau, lourdement, et le regard du conducteur s'est attardé sur son visage.

— Alors qu'est-ce qui a été moins bien ? a-t-il demandé. Parce que ça m'avait l'air très bien, ce que vous m'avez raconté !

— Oh, oui, ça l'était ! s'est empressée de dire Jennifer. Et je ne veux pas paraître ingrate. C'est juste que… Jennifer a sorti le petit contenant en argent de son sac à main, celui qu'elle avait emporté partout avec elle, pendant que nous avions voyagé ensemble. J'étais censée trouver l'endroit parfait pour disperser les cendres de mon mari, a-t-elle expliqué. Je lui ai promis, avant de mourir, de parcourir le monde jusqu'à ce que je trouve cet endroit. L'endroit idéal pour reposer en paix. J'étais si sûre que je le trouverais là, près de sa fille et de sa famille…

— Mais vous n'avez jamais senti le truc, hein ? a deviné le chauffeur. C'est dur, ça.

— Vous me comprenez, vous, au moins. Jennifer lui a fait un petit sourire fugace. La plupart des gens n'y arrivent pas, vous savez. Mais pire que tout, j'ai perdu mon chat. Elle est la seule chose qui me permet de ne pas devenir folle quand je prends l'avion, et maintenant, je dois faire tout le voyage jusqu'en Grande-Bretagne sans elle. Je ne sais vraiment pas comment je vais y arriver.

Le regard du conducteur s'est encore levé dans le rétroviseur, mais cette fois, il m'avait repérée, j'en étais sûre ! Un grand sourire s'est répandu sur son visage.

— Je jetterais un coup d'œil derrière vous, si j'étais vous, a-t-il dit, toujours en souriant.

En fronçant les sourcils, Jennifer s'est retournée. C'était, je suppose, mon grand moment !

Je me suis allongée, les pattes sur le dessus du sac, et j'ai effectué un petit miaulement de salut.

— Chance ! Passant ses bras vers l'arrière, elle m'a saisie et m'a tirée, par-dessus les valises, dans ses bras, me serrant contre sa poitrine, tout comme elle l'avait fait quand l'avion avait décollé lors de notre premier voyage ensemble.

C'était plutôt agréable d'être câlinée, mais dans ce cas assez inconfortable, alors au bout d'une minute, je me suis libérée.

— Je savais que tu ne me laisserais pas rentrer toute seule à la maison, a-t-elle dit en m'installant sur ses genoux pour me caresser. Je me sentais un peu coupable. Je l'avais *presque* laissée rentrer toute seule. Et sans Gareth et Pollie – sans parler du fait qu'elle était mon seul moyen de sortir du pays –, les choses se seraient sans doute passées comme ça.

Mais j'étais revenue, et elle était contente de me voir. Je l'aiderais à trouver son propre chemin pour rentrer chez elle – et je pourrais ainsi retrouver le mien. Une fois de retour en Grande-Bretagne, j'arriverais bien à retrouver mon chemin vers Édimbourg, n'est-ce pas ?

Serait-ce difficile ? J'ai dû admettre que je n'en avais aucune idée.

Ma puce électronique était mon filet de sécurité, quand j'ai décidé de fuir pour partir à l'aventure. Je ne savais pas *exactement* comment elle fonctionnait, mais je savais que cette petite chose dure sous ma fourrure contenait toutes les informations sur mes propriétaires. S'il m'arrivait quelque chose, si je me perdais, les humains pouvaient l'utiliser pour retrouver papa et maman.

C'était mon ultime plan de secours.

Sauf que, bien sûr, Jennifer avait fait changer ma puce quand nous nous étions arrêtées aux États-Unis. Quoi que son amie vétérinaire ait fait, ma puce électronique disait que j'appartenais à *Jennifer* maintenant. Que j'étais vraiment Chance, et pas Lara.

Comment n'avais-je pas réalisé plus tôt ce que cela signifiait pour mon aventure ? Et pour mon avenir, même.

Cela signifiait qu'il n'y avait plus rien qui me reliait à maman, papa et Gobi. Aucun moyen que quelqu'un découvre que je leur appartenais, et pas à Jennifer. Impossible de rentrer chez moi, quel que soit le nombre d'avions, de trains et de voitures dans lesquels je pouvais voyager.

Mon cœur s'est serré à l'énoncé de cette terrible vérité.

J'étais Chance, maintenant.

Et ne redeviendrais peut-être plus jamais Lara.

Gobi

Voyager dans la soute de l'avion pour l'Australie a été aussi terrible que la dernière fois. J'avais pensé que le fait de savoir ce qui allait arriver allait pouvoir atténuer mon ressenti.

Mais ça n'avait pas été le cas.

Mais si ça voulait dire pouvoir récupérer Lara, j'y étais prête. Même la quarantaine de dix jours à Melbourne avait été supportable, sachant que Dion et Lucja utilisaient ce temps pour faire avancer nos recherches.

Enfin, il a été temps pour moi d'être autorisée à sortir et à découvrir l'Australie. Et pour nous de continuer nos recherches ensemble.

Sauf qu'à ce moment-là, juste au moment où je pensais que le pire était passé, les choses sont devenues plus terribles encore.

Dion avait organisé d'autres entrevues, à Sydney cette fois-ci – et l'horaire nous obligeait à y arriver rapidement. Ce qui signifiait un vol court, et en soute, pour arriver depuis Melbourne.

— Je suis vraiment désolé, Gobi, a dit Dion, alors qu'il m'enregistrait au terminal de fret. Je l'ai rassuré en aboyant depuis l'intérieur de mon porteur. Nous étions si proches maintenant, que j'étais prête à tout pour aider à retrouver Lara.

Mais ensuite, ça a été terrible. Et pas seulement pour avoir voyagé en soute, cette fois. Cette partie est allée relativement vite. C'est au moment de sortir que les choses se sont compliquées.

On m'emmenait par le terminal de fret, là où Dion et Lucja m'attendaient, quand je l'ai vue. Une chatte ragdoll dans un porteur rigide, qui traversait également le terminal de fret pour se rendre dans la zone internationale, prête à prendre son propre vol. J'ai regardé fixement, encore et encore. C'était impossible, n'est-ce pas ?

Mais alors j'ai entendu son miaulement de protestation tandis que sa porteuse était bousculée, et j'ai alors su sans l'ombre d'un doute que c'était bien elle.

C'était Lara. Ma Lara.

J'ai déclenché une tempête, essayant désespérément d'attirer son attention, mais sa porteuse allait dans la mauvaise direction maintenant, et elle ne pouvait pas me voir. J'ai essayé de l'appeler par son nom, mais elle était déjà loin, en train de passer les portes qui menaient à son avion. Me laissant seule avec d'innombrables questions.

Comme : Qu'est-ce que je dois faire, maintenant ? Quel était l'intérêt de chercher Lara à Sydney, de faire toutes ces interviews télévisées, maintenant que je savais qu'elle avait quitté le pays ?

Comment pouvais-je expliquer ce que j'avais vu à Dion et Lucja, alors que nous ne parlions pas la même langue ?

Et surtout, où allait Lara ensuite ?

Même si je savais que Lara n'était plus là, j'ai quand même dû effectuer mes apparitions à la télévision, encourageant le peuple australien à prendre soin de ma sœur. J'espérais juste qu'elle était là, quelque part, à nous regarder. Qu'elle savait avec quelle intensité nous la cherchions. À quel point elle nous manquait.

Et j'espérais que les humains avec qui elle était – si elle était avec des humains, même si je suppose qu'elle l'était, pour pouvoir ainsi voyager dans un autre avion – regardaient aussi, où qu'ils se trouvent. Qu'ils nous appelleraient pour nous dire où elle était.

J'espérais que Dion avait raison et qu'elle était toujours avec Jennifer. Si elle voyait une de nos apparitions télévisées ou un article dans un magazine ou un journal, j'avais au moins bon espoir qu'elle nous appelle. Elle avait sûrement réalisé que Lara n'était pas Cleo maintenant !

Dion et Lucja étaient de plus en plus déprimés à chaque journée passée sans nouvelles. Se rendre en Australie – et passer par les avions, l'immigration et la quarantaine – avait semblé être le plus difficile. Nous avions tous espéré que les choses seraient faciles, une fois arrivés. Lara serait peut-être même là, à nous attendre à l'aéroport.

Bien sûr, ce n'était pas arrivé. Elle était là, mais pas pour nous rejoindre. Elle était là pour repartir de plus belle. Même si nos maîtres n'en avaient rien su.

Mais finalement, peu après notre arrivée, nous avons reçu un appel.

— Il dit qu'il possède une librairie à Sydney, et qu'il a accueilli un chat qui correspondait à la description de Lara pendant quelques semaines, a dit Dion en posant le téléphone.

— Est-elle toujours avec lui ? Lucja s'était levée avant même qu'il ait fini de parler.

Mais Dion a secoué la tête.

— Elle a disparu il y a quelques jours, apparemment. Mais ce n'est pas loin. Je pensais qu'on pourrait aller le voir, essayer de savoir s'il s'agissait vraiment de Lara. Il a dit qu'il avait une photo d'elle.

— Et si c'était elle, elle reviendra peut-être entre-temps, a suggéré Lucja. Surtout s'il la nourrissait.

— C'est exactement ce que je pensais, a dit Dion. Allez, Gobi. C'est l'heure d'aller faire un tour. Il a secoué mon harnais, et j'ai couru à travers la chambre d'hôtel pour l'enfiler.

Comme Dion l'avait promis, la librairie n'était pas trop loin de notre hôtel. Lucja a poussé la porte en faisant tinter une cloche. À l'intérieur, les livres étaient empilés partout, comme si une bibliothèque entière avait été vidée dans le magasin sans avoir été triée, et qu'on avait mis un adolescent derrière le comptoir.

— Hum, nous sommes ici pour voir Ben, a dit Dion. C'est à propos d'une chatte.

— Ha, Lizzie, a dit le garçon gaiement. Attendez, Ben est dans la cuisine. Il a disparu par une porte, et nous l'avons entendu dire : Hé ! Vous n'allez jamais arrêter de vous embrasser ? C'est dégoûtant. Et il y a des gens avec un chien qui veulent te parler d'Elizabeth.

Dion et Lucja ont échangé un regard, et Dion a répété le nom d'une manière incrédule.

Je n'étais pas d'accord avec lui. Je pouvais bien voir Lara en Elizabeth. Elle avait cette qualité royale qui convenait à ce genre de nom.

Un homme ébouriffé en pantalon marron est apparu à travers la porte.

— Bonjour ! Je m'appelle Ben. Je suppose que vous êtes Dion et Lucja ?

— Oui, c'est nous. Vous dites que vous pensez que notre chat a pu rester avec vous ? Dion est allé droit au but, comme d'habitude.

Ben a hoché la tête.

— Oui. Attendez, il y a une photo d'elle ici… Il a sorti une affiche avec la photo d'un chat ragdoll d'une pile de papiers entassés sur le bureau. Je ne voyais pas assez bien pour savoir si c'était Lara ou pas, mais je n'en avais pas besoin. Je pouvais sentir son odeur dans tout le magasin.

Dion et Lucja ont étudié la photo avec soin. Leur museau n'était pas aussi utile que le mien.

— Ça lui ressemble vraiment, a dit Lucja. Et vous n'avez aucune idée d'où elle a pu arriver ?

Ben a secoué la tête.

— Aucune idée. Mis à part que… pendant un moment, j'ai eu cette photo d'elle à la fenêtre, pour inviter les gens à venir rencontrer le chat de la librairie. Et après qu'elle a disparu, j'ai affiché un avis de recherche avec la même photo. Pendant cette période, une jeune fille est venue – je crois qu'elle a dit qu'elle s'appelait Anya. Attendez, elle a laissé son numéro… Il a encore fouillé sur le bureau et en a tiré une autre carte. Oui, Anya. C'est bien ça. Elle a dit qu'elle avait accueilli un chat comme Elizabeth dans sa cabane pendant environ une semaine, juste avant qu'Elizabeth n'arrive ici, à la librairie. Elle n'y était manifestement pas retournée quand Anya est passée, mais elle l'a peut-être fait depuis ?

— Je peux prendre ce numéro ? a demandé Dion en désignant la carte. J'aimerais appeler Anya pour voir si elle peut nous en dire plus sur les aventures de Lara.

— Lara. Ben a souri. C'est un nom qui lui va bien aussi. Et, oui, bien sûr, vous pouvez le prendre. Je vais vous le recopier…

Dion avait détaché mon harnais au moment d'entrer dans la librairie, alors j'ai laissé les humains parler entre eux, et pendant que Ben cherchait un stylo et un autre bout de papier, j'ai commencé à suivre la piste de Lara.

Elle avait passé beaucoup de temps ici, je n'en doutais pas. J'ai reniflé le sol, en suivant la piste olfactive à l'intérieur du magasin. Elle avait été partout, mais elle semblait surtout s'être concentrée sur le fauteuil près de la porte – et autour d'une petite pile de coussins dans la section aux couleurs vives, celle qui était remplie de livres d'images.

Désespérée de me trouver si près d'un endroit où Lara avait été, je me suis enfouie dans les coussins. Et c'est là que je l'ai trouvé.

Après l'avoir tiré de sous la couverture avec mes dents, j'ai traîné le livre jusqu'à l'endroit où les humains discutaient encore, et je l'ai déposé aux pieds de Dion.

— Où as-tu trouvé ça ? a-t-il demandé en ramassant l'exemplaire de mon livre, avec ma photo sur la couverture.

J'ai couru jusqu'à la pile de coussins pour lui montrer.

— C'est là qu'Elizabeth dormait certaines nuits, a dit Ben, stupéfait. Je pense qu'il faisait plus chaud que sur le fauteuil où elle faisait la sieste pendant la journée.

Dion lui a mis le livre entre les mains.

— C'est réglé, alors. C'était bien Lara.

— La question est : où est-elle maintenant ? a demandé Lucja.

Nous pensions tous la même chose en rentrant à pied à l'hôtel.

Mais nous ne savions pas qu'un dernier appel nous attendait. Un appel qui changerait tout.

20

Un des avantages d'avoir fait changer ma micropuce et de l'avoir appariée au passeport de Cleo était qu'il était plus facile, au moins, de quitter le pays. Et je n'avais aucune peine de quarantaine à purger en *quittant* l'Australie, quoique je n'attende pas le premier vol en soute avec impatience.

Jennifer n'avait pas hâte d'être à nouveau séparée de moi non plus, ça se voyait. Tandis que nous attendions que l'on m'examine et qu'on m'emmène au terminal de fret, elle m'a raconté toutes les aventures qu'elle avait vécues pendant mon absence. J'aurais aimé pouvoir partager les miennes aussi, mais je savais que Jennifer – malgré son intuition et sa maîtrise de l'aura – ne comprendrait pas mes miaulements.

Le premier vol a été affreux, froid et solitaire – comme prévu. Je me suis accroupie et je me suis concentrée sur la destination, plutôt que sur le voyage, pour une fois. Bientôt, je serais de retour à la maison. D'une manière ou d'une autre. Je devais continuer à y croire.

Nous avons encore changé de vol – à Hong Kong cette fois, et sans arrêt d'urgence chez le vétérinaire –, et pour le vol suivant, j'ai pu m'asseoir avec Jennifer dans la cabine de l'avion. Elle m'a serrée dans ses bras pendant le décollage, et je me suis mise à penser à Cleo, me demandant si elle avait réussi à rester cachée dans l'aéroport ou non.

Si elle avait pu s'échapper de ma caisse, laissant maman, papa et Gobi derrière elle. Ou – et à cette idée un frisson m'a parcourue – si elle était restée avec eux, usurpant complètement ma place. Se faisant peut-être même passer pour moi ?

Non, elle ne me ferait pas ça. En étais-je vraiment sûre ?

J'ai secoué la tête pour chasser ces sombres pensées. J'avais besoin de me concentrer sur le plus important.

Comme rentrer chez papa et maman. Et Gobi.

Seraient-ils heureux de me revoir ? Je l'espérais.

De l'autre côté de l'allée, j'ai attiré l'attention d'un autre animal de soutien affectif – un petit chien ressemblant assez à Gobi. Son propriétaire le serrait dans ses bras de la même manière, aussi, nous avons partagé un regard compréhensif.

— Je déteste ces vols, a-t-il dit. Pas toi ?

J'ai étendu mes pattes devant moi, nonchalamment.

— J'ai connu pire. Ce chien n'avait jamais voyagé en soute apparemment. Tu devrais essayer l'Australie. Beau pays, mais la quarantaine, c'est l'enfer.

— Tu as beaucoup voyagé, alors ? a demandé le chien.

J'ai souri secrètement.

— Oui, un peu. Mais pour l'instant, je suis surtout contente de rentrer chez moi. Combien de temps avant qu'on atterrisse en France, tu as une idée ? Je savais que nous n'irions pas directement en Grande-Bretagne. Jennifer voudrait que je l'accompagne le plus possible. J'étais une voyageuse chevronnée, maintenant. Ça m'a fait du bien de savoir toutes ces choses et de ne pas avoir à compter sur quelqu'un d'autre pour m'apprendre ce qui allait se passer.

Sauf qu'apparemment, je ne savais pas encore *tout* sur les voyages.

— En France ? le chien a ricané, clairement plus du tout impressionné par mon expérience du voyage. Cet avion n'ira pas en *France*, ma chérie. Nous sommes en route pour la Chine !

La Chine ? Attends, non, pas ça. Nous étions censés rentrer *chez nous* !

Ou… ou peut-être était-ce mon destin de suivre Jennifer et d'essayer de l'aider encore un peu. Et puis maman, papa et Gobi s'étaient eux aussi envolés pour la Chine… peut-être qu'ils y étaient encore ! Serait-ce possible ? Je n'avais aucune idée du temps qu'ils avaient prévu de rester – et aucune idée précise du temps qui s'était écoulé depuis que je les avais quittés.

Pourtant, lorsque nous avons atterri à Pékin, j'étais parvenue à me convaincre que ma famille serait toujours là. C'était écrit. J'avais un bon pressentiment, tout comme ceux que Jennifer avait souvent. C'était même presque une certitude.

Tout se passerait bien. Sans doute.

— Oh, ça va être merveilleux, tu vas voir, a dit Jennifer tandis que nous nous installions dans notre chambre d'hôtel. Apparemment, trouver des hôtels prêts à accueillir des animaux de compagnie avait été un défi. Une semaine entière ici à Pékin pour explorer la ville, s'initier à la culture. Mon Jeremy aurait adoré. Il a toujours voulu venir ici, tu sais, Chance. J'espère que cette ville lui offrira la dernière demeure que je cherche depuis si longtemps.

Je l'espérais aussi. Pour elle et pour Cleo. Elle voyageait et cherchait déjà depuis trop longtemps. J'étais sûre qu'une fois qu'elle serait de nouveau avec Cleo – ce qui était dans l'ordre des choses et allait arriver, comme je m'en étais convaincue –, Jennifer *et* son animal de compagnie seraient heureuses de se reposer tranquillement à la maison.

En fait, après toutes mes aventures, *même moi*, j'avais hâte de passer un peu de temps assise derrière une fenêtre, à simplement regarder le monde exister. Et à manger des crevettes, bien évidemment.

J'avais vraiment hâte de manger des crevettes tous les soirs.

Ça voudrait dire que je serais enfin rentrée chez moi.

*

Jennifer n'a pas perdu de temps. Avant même qu'elle n'ait déballé ses affaires, elle m'avait enfilé mon harnais, prête à explorer les rues de la ville. Je commençais à penser que j'en avais assez vu, et je n'étais pas très enthousiaste à l'idée de me retrouver attachée à un harnais après des semaines de liberté. Mais Jennifer était si excitée que je me suis laissée entraîner par son enthousiasme.

— J'ai des visites prévues pour les autres jours, m'a-t-elle dit, tandis que nous nous rendions à l'accueil de l'hôtel. Beaucoup d'endroits merveilleux que Jeremy aurait adorés, j'en suis sûre. Mais aujourd'hui, je veux juste me faire une idée de la ville. Ensuite, on reviendra boire un verre au bar et manger quelque chose. Ça te paraît bien ?

La partie « manger quelque chose » m'avait de toute manière convaincue, alors j'ai miaulé mon accord.

Du point de vue félin, Pékin ressemblait à n'importe quelle autre ville. Le béton sous les pattes, les lumières au-dessus, et trop de jambes qui se mettaient en travers de mon chemin. Les couleurs semblaient plus vives qu'à la maison, mais les enseignes étaient aussi plus lumineuses et plus abondantes. Il y avait beaucoup de magasins, beaucoup de musique, beaucoup de bruit. Il y avait aussi des étals de marché, vendant ce que Jennifer appelait de la nourriture de rue – et qui sentait délicieusement bon. J'espérais toujours que l'un des commerçants aurait pitié d'un pauvre chat affamé et me jetterait un en-cas, mais aucun d'entre eux ne l'a fait.

En levant les yeux, j'ai constaté que les bâtiments s'élevaient beaucoup plus haut que tous ceux que j'avais vus auparavant, devenant gris à mesure qu'ils pénétraient le ciel. Beaucoup d'entre eux étaient ennuyeux à côté des pancartes clignotantes aux couleurs vives accrochées sur les magasins, plus près de mon propre niveau.

Je ne comprenais pas la langue que l'on parlait ici, et même si j'avais su lire, je ne pense pas que j'aurais pu comprendre tous ces signes étranges. Tout semblait si différent de chez nous, ou même de l'Australie. Ce n'était pas différent dans le mauvais sens, simplement, je n'y étais pas encore habituée. Après quelques jours ici, je me sentirais sans doute plus à l'aise – surtout si j'avais pu y retrouver ma famille.

Alors au lieu d'essayer de donner un sens aux choses qui m'entouraient en tant que Lara – ou Chance –, j'ai plutôt essayé d'imaginer que je les voyais à travers les yeux de Gobi.

C'est de ce pays que venait Gobi, après tout. C'était là que Gobi et papa avaient vécu pendant tous ces mois, avant qu'on les autorise à rentrer tous les deux.

Gobi m'avait raconté cet épisode de leur vie. L'appartement dans lequel ils avaient vécu, les magasins, le canal qu'ils empruntaient, la nourriture – et surtout quelque chose qu'elle avait appelé le burrito de Pékin.

Elle avait même parlé du vétérinaire qui avait opéré sa jambe blessée et de sa terreur quand, à l'aéroport, après de longs mois d'attente, on avait failli ne pas les autoriser à monter à bord à cause d'une erreur dans les papiers. (Après tous mes voyages, je comprenais beaucoup plus clairement comment ces choses-là pouvaient arriver !)

Mais elle n'avait jamais parlé de ce qui s'était passé quand elle avait disparu. Pas une seule fois. Ce qui me faisait penser que ses aventures dans cette seule ville avaient dû être beaucoup moins amusantes que les miennes, en Australie.

J'avais hâte de dire à Gobi tout ce que *j'avais fait*.

Mais d'abord, il fallait que je les retrouve tous.

J'ai gardé les yeux grands ouverts à mesure que nous parcourions les rues, à la recherche de Gobi. S'ils étaient *encore* en ville, je finirais bien par les croiser. Oui, Pékin était une grande ville. Immense, même. Mais j'avais bon espoir. Tout s'était si bien mis en place au cours de cette aventure. Les choses allaient sans doute continuer comme ça.

Ou peut-être que j'avais passé trop de temps avec Jennifer, pour avoir ainsi confiance en l'avenir.

En vérité, il était difficile d'imaginer ma famille ici – maintenant, comme à l'époque, quand il n'y avait que papa et Gobi. Ce n'était pas leur pays, pas plus que le mien. Mais je devais espérer qu'ils étaient toujours là. Je n'avais aucune autre idée de la façon dont je pouvais les retrouver.

Mais le destin, a dit Jennifer un jour, est parfois farceur.

Nous avons tourné au coin d'une autre grande rue, pleine de gens et bordée d'arbres, tout comme la dernière que nous venions d'emprunter. Et comme dans cette dernière rue, j'ai parcouru le quartier à la recherche d'indices. C'est là que j'ai aperçu une rangée de vitrines devant moi. Cette fois encore, on y voyait des téléviseurs, comme ceux que j'avais vus à Sydney. Et soudain, ils étaient là.

Ma famille. Cette fois encore, affichée sur un écran surdimensionné.

Sauf que cette fois, ils tenaient une photo.

Une photo de *moi.*

Désespérée, j'ai essayé de faire se rapprocher Jennifer, mais elle avait été distraite par quelque chose de l'autre côté de la rue, et se déplaçait déjà dans l'autre sens. J'ai tiré sur le harnais, mais en vain. Je n'étais pas assez forte pour modifier sa trajectoire.

— Allez, Chance, on y va ! Puis elle m'a traîné avec elle de l'autre côté de la route.

J'ai regardé en arrière tout le long du chemin, la photo de ma famille sur l'écran, ma photo dans le coin. J'ai regardé tant que j'ai pu, émue de ne pas les avoir vus depuis si longtemps.

Je veux rentrer à la maison, ai-je pensé, souhaitant qu'ils puissent entendre mon message et venir me sauver.

Puis j'ai cligné des yeux, juste avant qu'ils ne soient hors de vue. Il y avait autre chose sur l'image à l'écran. Quelque chose qui me semblait étrangement familier…

Et j'ai réalisé soudain ce qu'il y avait derrière eux, par la fenêtre du studio de télévision.

Les coquilles du toit de l'opéra de Sydney, comme quand j'avais exploré Sydney avec Jennifer.

Ma famille n'était plus en Chine. Elle était en Australie ! Dans la ville que je venais de quitter !

*

J'ai traîné misérablement après Jennifer tandis qu'elle continuait à explorer la ville, essayant de comprendre le sens de ce que je venais de voir. Ça n'avait aucun sens.

L'opéra, c'était facile : ma famille était partie en Australie. Mais pourquoi ? Je savais maintenant à quel point il était difficile d'amener un animal dans le pays. Gobi avait dû voyager dans la soute, et passer par la quarantaine et tout le reste ! Je ne pouvais pas imaginer papa et maman lui faire subir ça juste pour participer à quelques émissions télé.

Et puis il y avait cette photo de moi, montrée dans le coin de l'écran, au-dessus de l'étrange écriture qui défilait en dessous. Et s'ils étaient en train de parler de moi ?

Plus important encore : et s'ils étaient *à ma recherche* ?

Je n'étais même pas certaine que je leur avais manqué. J'étais si sûre qu'ils continueraient leur vie normale avec Gobi, sans plus penser à moi. Des visites guidées, des interviews à la télé, ils faisaient ce genre de choses tout le temps. Mais pas avec une photo de moi.

L'idée qu'ils allaient à la télé pour demander aux gens s'ils m'avaient vue… semblait impossible.

Mais c'était aussi la seule explication logique à ce que j'avais vu.

Je me sentais confuse et incertaine. Je ressentais un vide au creux de mon ventre, un vide si grand qu'aucune quantité de crevettes ne pourrait jamais le remplir.

Et une question n'arrêtait pas de résonner dans ma tête.

Qu'avais-je fait ?

Quand nous sommes finalement retournées à la chambre d'hôtel, j'ai sauté devant la télé, essayant de persuader Jennifer de l'allumer, pressée de savoir si ma famille était toujours là, en train de chercher. Mais elle s'est contentée de rire.

— On ne comprendra rien à ce qu'ils racontent, Chance. À moins qu'on ne trouve une chaîne pour chat ! a-t-elle plaisanté.

Avec un autre rire, elle est partie dans la salle de bains pour se préparer à descendre dîner, me laissant seule et déprimée.

J'avais besoin qu'elle réalise que ma famille me cherchait. Mais comment ? J'aurais tant voulu pouvoir parler humain. Plus que jamais. Auparavant, la chose aurait déjà pu m'être utile. Mais aujourd'hui, c'était vital !

Quand nous sommes allés dîner au bar de l'hôtel, je commençais à être sérieusement abattue. Même la promesse de Jennifer de commander quelque chose de délicieux à partager avec moi ne parvenait pas à me remonter le moral. Que valent les crevettes, comparées à ma famille ? J'ai boudé, et j'ai même refusé de regarder la nourriture que les serveurs apportaient.

Jusqu'à ce que je voie la télé dans le coin du bar.

Le destin avait repris le contrôle.

La télé était allumée. Et le programme qui passait ressemblait un peu à celui que j'avais vu plus tôt. Même ici, dans un autre pays, je pouvais reconnaître le format de ce que papa appelait *les nouvelles*.

Je regardais avidement pendant que Jennifer mangeait, attendant de voir si ma famille réapparaîtrait. C'était probablement trop espérer, mais je ne pouvais pas m'en empêcher. C'était peut-être ma dernière chance de trouver un moyen de rentrer chez moi.

Puis, soudain, ils étaient là, comme je les avais vus dans l'après-midi.

Miaulant très fort, j'ai sauté en avant, sur le bar, jusque devant la télé.

— Chance ! a appelé Jennifer en me poursuivant, avant d'essayer de me bloquer.

Je lui ai échappé, et j'ai couru sur toute la surface du bar, jusqu'à ce que mon museau soit pressé contre la télé – et contre mon image, qui y était retransmise.

— Mais qu'est-ce que tu es… oh ! Jennifer s'est arrêtée net, a fixé la télé et est devenue toute pâle. Oh. Oh non. Ces pauvres, pauvres gens ! Bien sûr ! Comment ai-je pu ne pas réaliser que… Elle a attrapé un stylo dans la main du barman. Excusez-moi, j'en ai un besoin urgent.

Tirant une petite serviette de table de la pile placée sur le bar, Jennifer a griffonné la série de chiffres qui défilait à l'écran.

— Allez, Chance. Non, pas Chance. Elle m'a regardée et a secoué la tête un peu tristement. Toi, c'est Lara, pas vrai ?

J'ai ronronné pour lui confirmer l'information. Je commençais à penser que je n'entendrais plus jamais mon *vrai nom* !

— Alors, viens, Lara. On doit passer un coup de fil important. Elle a vérifié sa montre. Je n'ai aucune idée de l'heure qu'il est en Australie en ce moment, mais je ne pense pas que ta famille sera dérangée d'être réveillée pour une telle nouvelle, n'est-ce pas ?

21

Après cela, les choses sont devenues d'une simplicité inattendue. Un coup de fil – et beaucoup de cris à l'autre bout, d'après ce que j'avais pu entendre –, et ma vie était redevenue comme avant. J'étais de nouveau Lara. Ni Cleo, ni Chance, ni Puss, ni Elizabeth, ni même *Lizzie*. Seulement Lara.

Mais pas la Lara qui restait assise derrière les fenêtres et regardait d'autres personnes explorer le monde.

J'étais Lara la chatte fugitive – qui avait parcouru le monde pour vivre des aventures, aider les gens et changer des vies.

Et maintenant, tout ce que je voulais, c'était rentrer chez moi, avec ma famille.

Il a fallu quelques jours après l'appel téléphonique initial pour que maman, papa et Gobi arrivent en Chine.

— Temps de vol, a expliqué Jennifer. En plus, ils ont dû annuler quelques interviews, je crois. Et Dion a dit qu'il fallait appeler un certain Ben pour lui dire qu'on t'avait trouvée…

Ben ! Comment diable papa et maman l'avaient-ils rencontré ? Je n'en avais aucune idée. Mais j'étais contente qu'il puisse avoir des nouvelles, et qu'il n'ait pas à se demander ce qui m'était arrivé. Peut-être que ma famille leur dirait au revoir pour moi.

Finalement, nous avons appris que leur avion avait atterri à Beijing, et Jennifer et moi sommes descendus en bas de l'hôtel pour les accueillir.

— Lara ! Maman a couru à travers le hall et m'a soulevée, harnais compris, suivie de papa, qui nous a enveloppés de ses bras. À leurs pieds, Gobi aboyait joyeusement. Elle avait l'air drôlement heureuse de me revoir.

Et assez étrangement, j'étais très heureuse de la voir aussi. Je m'étais attendue au plaisir et au réconfort qui m'a inondée d'avoir retrouvé maman et papa. Mais je ne m'attendais pas à être aussi soulagée et heureuse que Gobi soit de retour dans ma vie.

Elle m'avait manqué, je l'ai réalisé à ce moment-là. Énormément. Bien plus que je ne l'aurais jamais imaginé. Peut-être même plus que papa et maman ne m'avaient manqué.

C'était étrange, mais d'une certaine façon, j'avais l'impression qu'elle avait participé à mon aventure avec moi, qu'elle avait été à mes côtés à chaque étape du chemin. J'avais si souvent pensé à elle – imaginant ce qu'elle aurait fait, ou me demandant à quel point mes pensées avaient pu correspondre aux siennes –, c'était presque comme si elle avait été à mes côtés pendant mon voyage en avion, dans mes aventures en Australie, et ici, à Beijing.

Mais à la fin, la vérité était là : je m'étais sentie seule, sauf en compagnie des nouveaux amis que je m'étais faits sur le chemin. Et j'avais appris que même si les aventures pouvaient être très amusantes, elles ne valaient pas le bonheur d'avoir une famille.

Papa m'a posée par terre pour que je puisse voir Gobi, et je me suis frottée contre elle, me réappropriant son odeur et passant ma queue moelleuse sur son dos comme elle avait toujours aimé que je le fasse.

Non pas que j'avais l'intention de lui dire *à quel point* elle m'avait manqué. Ça lui serait immanquablement monté à la tête.

— Je n'arrive pas à croire qu'on t'ait retrouvée ! a jappé Gobi, tout excitée.

— Oh, vous me cherchiez ? ai-je dit, aussi nonchalamment que possible, malgré toutes les émotions qui m'envahissaient. J'étais trop occupée à vivre cette aventure pour le remarquer.

Gobi a secoué la tête d'un air de reproche bienveillant.

— Je suis tellement, tellement désolée, a dit Jennifer à maman en la serrant dans ses bras. Quand j'ai réalisé que ce n'était pas Cleo, j'étais déjà à mi-chemin de l'Australie. Et même à ce moment-là, je n'ai pas compris ce qui s'était passé ! C'était stupide de ma part, vraiment. Mais j'étais dans une telle angoisse, d'être dans cet avion, et d'avoir perdu Cleo que… pour être honnête, j'ai cru que c'était un signe du destin. J'ai cru que Chance – je veux dire Lara – avait été envoyée pour m'aider dans mon épreuve. Je n'avais jamais pensé que c'était *la vôtre*.

Maman et papa ont échangé un bref coup d'œil. J'étais presque sûre qu'ils s'accordaient en silence sur l'état mental de Jennifer.

Je me suis enroulée autour des jambes de Jennifer pour la soutenir. Elle était peut-être un peu à côté de la plaque, mais elle m'avait aidée. Elle m'avait ramenée à la maison, dans ma famille.

— Je suppose que vous ne savez pas ce qui est arrivé à Cleo ? a demandé Jennifer. Ça me tracasse depuis qu'on a quitté Paris. Je sais qu'elle peut prendre soin d'elle-même – c'est une chatte très intelligente. Mais quand même, j'aimerais savoir…

— Et si on allait boire un verre au bar ? a dit papa. Et

nous vous raconterons toute l'histoire – et vous pourrez nous raconter la vôtre.

—Nous sommes curieux de savoir ce que Lara a fait pendant tout ce temps, a ajouté maman. Nous avons réussi à reconstituer une partie de l'histoire à partir des témoignages de certaines personnes – ce qui me rappelle, Dion, que nous devons appeler Ben et Anya pour leur faire savoir que nous avons retrouvé Lara.

Ben *et* Anya ! Comment diable ma famille les avait-elle trouvés *tous les deux* ? J'espérais que Gobi pourrait m'en dire plus, mais pour l'instant, j'étais contente que tous mes amis puissent savoir que tout allait bien.

—Oui, il semble que Lara a eu toutes sortes d'aventures sans nous, a dit papa. Mais nous aimerions vous entendre parler de vos voyages avec elle.

Jennifer m'a regardée.

—Eh bien, je vais vous dire ce que je sais, moi aussi. Mais pour être honnête, je pense que Lara est sans doute la seule à connaître la vérité sur *toutes* ses aventures.

*

Ce soir-là, je me suis recroquevillée contre Gobi pour dormir, heureuse d'être de nouveau à la maison avec ma famille. Je me demandais comment Jennifer s'en sortait sans moi, dans sa propre chambre d'hôtel. Nous avions parlé avec elle jusque tard dans la nuit, et ils étaient parvenus, entre eux, à reconstituer *la plupart* de mes voyages. Pas tous, bien sûr. Mais ils n'étaient que de simples humains.

En échange des histoires de Jennifer, papa et maman lui avaient raconté l'histoire de l'évasion de Cleo et comment les services de l'aéroport l'avaient retrouvée et s'occupaient d'elle en attendant que Jennifer se manifeste. Tout semblait s'être déroulé selon le plan de Cleo – jusqu'à ce qu'ils vérifient sa micropuce, au moins.

— Satanées micropuces ! a explosé Jennifer. Elles causent plus d'ennuis qu'autre chose, parfois. Jeremy s'en est toujours occupé. Je suppose qu'il a dû mettre *son* numéro de téléphone comme contact principal. Et je n'ai jamais pensé à le changer après sa mort !

Elle avait aussi parlé de moi à papa et maman. De toutes les choses que j'avais vues et des endroits où j'avais été avec elle. Gobi avait l'air un peu impressionnée, ai-je pensé. Maman m'avait serrée dans ses bras encore plus fort.

— Raconte-moi le reste de l'aventure, a dit Gobi l'air endormie, alors que nous nous blottissions dans le lit de papa. Que s'est-il passé après ton départ loin de Jennifer ? On sait que tu es restée avec Anya et Ben, mais même eux n'ont pas pu nous dire *tout* ce que tu avais fait.

— Tu veux vraiment savoir ? lui ai-je demandé.

Gobi a hoché la tête.

— Je veux *tout* savoir sur tes aventures.

Alors je lui ai tout raconté. Tout sur la fille de Jennifer et les chats de gouttière, tout sur Anya, Harry et Petra, et tout sur la librairie, Ben, Gareth et Pollie.

— Nous y sommes allés, a dit Gobi, ses yeux commençant déjà à se fermer. Dion a juste appelé Anya, donc je n'ai pas vu la cabane, mais on y est allés. À la librairie, je veux dire. Ils avaient l'air d'être des gens bien.

— Ils l'étaient, ai-je confirmé. Puis, quand j'ai été certaine qu'elle dormait, j'ai ajouté : Mais personne ne vaut ma famille, et ma sœur.

*

À la fin de la semaine, nous sommes tous retournés en France – où Jennifer a récupéré une Cleo bien reposée de la zone de quarantaine où on l'avait gardée en lieu sûr. De là, nous sommes allés à Calais, puis nous avons pris le ferry pour rentrer tous ensemble chez nous – une traversée différente et plus courte que celle que nous avions réalisée dans le sens aller. Il n'y avait pas de cabine avec des lits, cette fois-ci – juste quelques sièges que nous avons réquisitionnés et sur lesquels nous nous sommes assis pour parler.

Il était étrange de penser que je ne reverrais plus jamais Jennifer après ça. Même si j'étais heureuse d'avoir retrouvé ma famille, j'étais aussi un peu triste de devoir dire au revoir à tous ces amis rencontrés sur la route. Au moins, je savais que je les avais tous aidés à être un peu plus heureux et à avancer dans leur vie.

Tous, sauf Jennifer. Je fronçais les sourcils en la voyant assise en face de nous sur le ferry, soupirant et regardant par la fenêtre. Oui, je l'avais aidée à rentrer chez elle, et ensemble, nous les avions réunies, Cleo et elle.

Mais elle n'avait toujours pas trouvé l'endroit parfait pour disperser les cendres de son mari. Son objectif principal et la chose qui l'avait motivée à faire tous ces voyages.

Comment pourrait-elle se fixer à nouveau si elle ne pouvait pas tenir la promesse qu'elle avait faite à Jeremy ?

— Je crois que je vais faire un petit tour sur le pont, a-t-elle dit, la voix lointaine. Cleo était endormie dans sa caisse. Je peux laisser Cleo avec vous ?

— Bien sûr, a dit maman. Si vous nous faites encore confiance après tout ce qui est arrivé !

Jennifer n'avait pas à s'inquiéter pour ça, je le savais. Tant qu'elle n'avait plus d'avion à prendre avant un certain temps, Cleo était heureuse d'avoir retrouvé sa maîtresse.

Jetant un coup d'œil derrière moi, je me suis faufilée pour suivre Jennifer sur le pont. C'était peut-être ma dernière chance de l'aider, et je ne voulais pas la laisser filer. Je n'étais pas sûre de ce que je pouvais faire *exactement*, mais j'espérais que le destin me donnerait un indice.

Je suis tout de suite tombée sur Jennifer. Elle se tenait debout contre la rambarde du navire, les yeux fixés sur la mer qui s'étendait sur des kilomètres. Prudemment, j'ai sauté sur le rebord à côté d'elle, en gardant un œil attentif sur les vagues en dessous. Je n'avais certainement pas envie de tomber par-dessus bord, pas si près de rentrer chez moi !

— Bonjour, Chance, a souri Jennifer en me caressant la tête. Je peux encore t'appeler comme ça quand il n'y a que nous deux, n'est-ce pas ?

Ça ne me dérangeait pas trop. J'avais l'impression de ne plus être *seulement* Lara, désormais. J'étais aussi Chance, Puss et Elizabeth. J'ai donc miaulé mon accord, ce qui a fait soupirer Jennifer.

— Tu as toujours semblé comprendre ce que j'essayais de dire. En gardant une main sur mon échine, elle a regardé en direction de l'eau. Je pensais justement à mon cher Jeremy. Je n'ai jamais trouvé le bon endroit pour disperser ses cendres. Elle a sorti la petite boîte en argent de son sac. Je n'arrête pas de penser à quel point il aurait aimé toutes ces aventures – mais il aurait été heureux de rentrer chez lui, aussi. Il aimait la Grande-Bretagne plus que n'importe quel autre endroit du monde. Il a toujours dit qu'il se sentait plus à l'aise quand il commençait à voir les falaises de Douvres approcher. Il savait alors qu'il était presque de retour à Blighty – un souvenir de ses jours dans la marine, je suppose… attends une minute !

Soudain, tout son corps s'était tendu. J'étais tendue moi aussi, le dos arqué, à l'affût du danger.

Puis j'ai réalisé que Jennifer n'avait pas peur. En fait, elle était *excitée*.

Ses yeux se sont élargis et elle a pointé son doigt sur l'avant du bateau.

— Regarde ! Ces taches blanches au loin, c'est Douvres ! Pourquoi n'y ai-je pas pensé avant ? Eh bien, je sais pourquoi. Je suis toujours restée à l'intérieur avec Cleo, sur les ferries. Elle n'aimait pas s'approcher des vagues, alors je n'avais jamais regardé dehors… mais maintenant… Elle s'est tournée vers moi, la joie colorant ses joues. Ça y est, Chance ! C'est l'endroit que je cherchais depuis le début !

Des larmes ont roulé le long de ses joues et un grand sourire a illuminé son visage. Jennifer a ouvert la petite boîte en argent et en a dispersé le contenu dans l'océan.

— Repose en paix, mon amour, a-t-elle chuchoté. Tu es ici chez toi.

Je me suis appuyée contre elle pour la soutenir, et elle m'a serrée contre d'elle.

— Merci, Lara, m'a-t-elle murmuré à l'oreille. Pour nous avoir aidés *tous les deux* à rentrer.

J'ai ronronné. C'était vrai. J'avais réussi, après tout. Mon travail ici était terminé.

Il était temps de rentrer à la maison, enfin.

Gobi

Quand Lara et Jennifer sont revenues dans le ferry, quelque chose en moi s'est enfin détendu. Quand elle s'est recroquevillée à côté de moi, j'ai su que les aventures de Lara étaient vraiment terminées.

Elle pouvait bien prétendre que nous ne lui avions pas manqué, ou que revenir à la maison aurait pu attendre. Mais j'avais trouvé mon livre dans ce magasin, tout près de l'endroit où elle dormait, et il était recouvert de son odeur – comme un jouet préféré ou une couette. Nous lui avions manqué, c'était certain.

Mais elle avait changé, elle aussi, pendant son absence. Je pouvais le voir dans la manière dont elle prenait soin de Jennifer, dans la façon dont elle parlait des gens qu'elle avait rencontrés pendant ses voyages.

Cette Lara se souciait plus des gens qu'auparavant. Elle voulait les soutenir et les aider. Et pas seulement pour avoir plus de crevettes.

J'aimais beaucoup cette Lara-là.

Elle m'avait tellement manqué quand elle était partie. Elle faisait partie de la famille, autant que Dion et Lucja, et le monde n'était pas aussi joyeux quand elle n'était pas là.

Depuis que nous avions reçu l'appel téléphonique de Jennifer, à Sydney, nous courrions pour réunir notre famille. Et maintenant, c'était fait, enfin. Ce qui avait poussé Lara à fuir, quoi que ce soit d'ailleurs, n'avait plus de raison d'être. Elle avait trouvé ce dont elle avait besoin et fait ce qu'elle pensait devoir faire.

J'espérais qu'un jour, elle me raconterait toute l'histoire. Pas seulement les détails des endroits où elle était allée, ou de ce qui lui était arrivé. Je voulais plus que des faits.

Je voulais comprendre pourquoi elle s'était enfuie, et ce qui l'avait changée si profondément.

Je pouvais attendre. Lara était de retour avec nous, et nous étions de nouveau une famille. Ça voulait dire que j'avais tout le temps pour découvrir ses secrets.

Quand elle s'est endormie, j'ai veillé sur elle. Maintenant qu'elle était de retour parmi nous, je n'allais pas risquer de la perdre à nouveau. Plus jamais.

Nous étions une famille. Et désormais nous resterions unis.

Même dans les plus folles aventures.

22

Il était tard, il faisait nuit et nous étions tous épuisés, mais nous étions finalement arrivés. Plein d'avions, de ferries et de trajets en voiture plus tard, nous étions de retour.

Enfin de retour à la maison. Tous ensemble.

La maison d'Édimbourg ressemblait exactement à mon souvenir, remplie de toutes les choses familières que j'aimais. Les cadres sur les murs, les photos de papa, maman, Gobi et moi. Le fauteuil où papa et moi regardions la télé ensemble. Mon lit, aussi, celui sur lequel Gobi voulait toujours dormir. Ma balle préférée, celle qui couinait quand on la mordait. Le jardin à l'extérieur, avec ses papillons et ses oiseaux, et toute cette herbe à mâcher. Tout ce que j'avais laissé derrière moi – et que j'avais eu peur de ne plus jamais revoir.

Tout était là, à m'attendre. Tout comme ma famille l'avait été.

J'ai pris un moment pour explorer et me familiariser de nouveau avec l'endroit, avant de retourner au salon pour m'asseoir près de ma fenêtre et scruter le monde extérieur.

Tout en regardant au-dehors, je repensais à mes aventures. À toutes les personnes et à tous les animaux que j'avais rencontrés en chemin – de ceux qui m'avaient accueillie et aimée aux chats de gouttière qui m'avaient montré à quel point la vie pouvait être dure, en passant par la statue du chien de la reine, qui m'avaient tous aidée à leur manière à comprendre l'importance d'aider les autres.

Tout était peut-être pareil à Édimbourg, mais je n'étais certainement pas le même chat que celui qui avait quitté cette maison, il y avait toutes ces semaines, à la recherche d'aventure. Et la plus grande partie de ce changement était due à toutes ces personnes rencontrées sur le chemin.

J'aurais voulu pouvoir les remercier. Maman et papa avaient parlé à Ben et Anya, je le savais, et leur avaient promis de leur envoyer par courriel des photos de moi à la maison. Jennifer, elle aussi, avait laissé ses coordonnées – et avait même promis de venir nous voir si elle passait à Édimbourg. Mais je savais qu'il y avait de fortes chances que je ne revoie plus jamais ces gens qui avaient changé ma vie, ce qui me rendait un peu triste.

Mais un peu de tristesse ne pouvait pas gâcher mon bonheur d'être de retour à la maison, cependant.

Papa m'a apporté un très gros bol de crevettes, que j'ai dévoré en un éclair. (Les crevettes m'avaient vraiment, vraiment manqué.) Pourtant, je ne pouvais pas m'empêcher de fixer le monde extérieur, encore et encore.

De l'autre côté de la fenêtre, la vie d'Édimbourg continuait à se dérouler, même si tard dans la nuit. Il y avait des humains, des animaux, des bruits, des voitures, des odeurs, le tout juste derrière la fenêtre. Des vies qui se vivaient, des aventures qui se poursuivaient.

J'ai alors réalisé quelque chose d'important.

Je ne pouvais pas rester derrière une fenêtre toute ma vie, pas maintenant que je savais ce qu'il y avait dehors.

Tant de choses à voir et tant de gens à rencontrer. Des vies à changer et des gens à aider.

J'aurais encore des aventures, j'en étais certaine.

Mais à partir de maintenant, où que j'aille, quoi que j'aie envie de voir et qui que je puisse rencontrer, je m'assurerais toujours de savoir comment rentrer à la maison.

Et je serais toujours de retour à l'heure du goûter.

Achevé d'imprimer en avril 2019
sur les presses de la Nouvelle Imprimerie Laballery
58500 Clamecy
Numéro d'impression : 904065

Imprimé en France

La Nouvelle Imprimerie Laballery est titulaire de la marque Imprim'Vert®